Andreas Riedmiller

Geranien Pelargonien

So blühen sie am schönsten

Experten-Rat für Kauf,
Pflege und Vermehrung

Mit Farbfotos vom Autor und
anderen Pflanzenfotografen
Zeichnungen von György Jankovics

GU Gräfe und Unzer

Inhalt

Inhalt

Ein Wort zuvor

Wer träumt nicht von einem Blick aus dem Zimmer hinaus auf sommerfrohe Blumenpracht? Stellen Sie sich prächtig blühende rote, rosa und weiße Blumen vor: am Fenster, auf dem Balkon oder der Terrasse – und wie von selbst stellt sich das Bild üppig blühender Geranien ein. Sie sind seit Generationen die beliebtesten Balkonblumen, und wer sie hegt und pflegt, hat wahrscheinlich nur einen einzigen Wunsch: Sie sollen blühen, blühen, blühen... Wie sie am besten gedeihen und ihre schönste Blütenpracht entfalten, sagt Ihnen dieser Ratgeber in Wort und Bild.
Vorab jedoch ein Hinweis: Das, was landläufig als »Geranie« bezeichnet wird, heißt botanisch richtig Pelargonie. Geranien wiederum sind Gartenstauden, die ganz anders als Pelargonien aussehen. Haben Sie das gewußt? Es wird bestimmt nicht die einzige Überraschung sein, die Ihnen hier begegnet. In über hundert Farbfotos und Einzelbeschreibungen stellt Ihnen dieser GU Pflanzen-Ratgeber die Farbenpracht und Vielfalt der zahlreichen Pelargonien-Sorten und -Arten vor. Darunter als absolute Neuheit die exotischen Wild-, Duft-, Blatt- und Edelpelargonien fürs Zimmer. Der Autor hat sie selbst in außergewöhnlich schönen Farbfotos porträtiert und ausführlich beschrieben. Lassen Sie sich bezaubern von den filigranen Blättern und orchideenähnlichen Blüten der Wild- und Duftpelargonien und von den farbenfrohen Blüten der Edelpelargonien.
Aber auch über die allseits beliebten Balkon-Pelargonien finden Sie Neues und Überraschendes: Wußten Sie zum Beispiel, daß diese altvertrauten Pflanzen eigentlich subtropische Gewächse sind, die in trockenen und heißen Gebieten Südafrikas beheimatet sind? Gerade daraus ergeben sich ganz spezielle Bedürfnisse und Ansprüche an die Pflege. Andreas Riedmiller vermittelt Ihnen knapp und leicht verständlich das komplette Grundwissen über diese Pflanzen, und er verrät Ihnen, auf was es ankommt, damit sie noch besser gedeihen und noch üppiger blühen. Aus eigener Praxis gibt er detaillierte Anleitungen zu Anschaffung, Pflege und Vermehrung. Farbige Zeichnungen veranschaulichen Schritt für Schritt das gärtnerische Know-how. Kleine Exkurse über die Herstellung der geeigneten Pflanzerde, über Grund- und Nachdüngen und über richtige Pflanzgefäße vertiefen die Information. Ein Abschnitt über Pflegefehler und Krankheiten hilft Übeln vorzubeugen und im Notfall die richtige Behandlungsmethode zu finden. Wer sich seine liebgewonnenen Pelargonien erhalten möchte, kann im Überwinterungskapitel nachlesen. Hier werden die verschiedenen Methoden beschrieben, mit denen Sie Pelargonien gut über den Winter bringen können. Das Kapitel »Vermehrung« bietet eine Alternative an für den, der Stecklinge für das nächste Jahr aufziehen möchte.
Mehr Freude mit Geranien und Pelargonien wünschen Ihnen *Autor und GU Naturbuch-Redaktion.*

Hinweis:
Um dem Leser das Zurechtfinden im Buch zu erleichtern, ist jedes Kapitel nach den drei möglichen Standortbereichen unterteilt:
- Den stehenden, hängenden und halbhängenden Pelargonien auf Balkon und Terrasse.
- Den Pelargonien fürs Zimmer.
- Den Geranien für den Garten.

Der Autor:
Andreas Riedmiller, Jahrgang 1952, Ausbildung zum Gärtner mit der Fachrichtung Blumen und Zierpflanzenbau. Nach der Meisterprüfung 10 Jahre lang Fachberater im Gartenfachhandel und Leiter eines Gartencenters. Heute als freier Fotograf tätig. Schwerpunkt seiner fotografischen Arbeit sind ökologisch-biologische Themen sowie Landschafts-, Natur- und Pflanzenfotografie; Veröffentlichungen: GU-Naturführer Bäume und zahlreiche Publikationen in Fach- und Publikumszeitschriften, Büchern und Kalendern.

Autor und Verlag danken allen, die an diesem Buch mitgearbeitet haben: Dem Zeichner György Jankovics für seine informativen Farbzeichnungen und Frau Uschi Riedmiller für die tatkräftige Mithilfe an der Erarbeitung des Manuskripts. Für die Erlaubnis, seltene und besonders prächtige Sorten zu fotografieren, gilt ein besonderer Dank Frau Wiedemann aus Geislingen-Aufhausen, Herrn Gibboni von der Firma Pelargonien Fischer und Herrn Leinfelder von der Versuchsgärtnerei Weihenstephan.

Meister im Blühen.
Pelargonien – hier hängende Cascade-Sorten – entfalten in vollsonniger Lage ihre ganze Pracht.

Pelargonien und Geranien – Wissenswertes vorab

Pelargonien und Geranien sind unterschiedliche Pflanzen, deren Namen bis heute verwechselt und oft fälschlicherweise gegeneinander ausgetauscht werden. Was Pelargonien, was Geranien sind, wird dieses Kapitel aufschlüsseln und Wissenswertes über sie berichten.

Namensgebung und Einteilung

Als die ersten Pelargonien um das Jahr 1700 von Kaufleuten aus Südafrika nach Europa gebracht wurden, bezeichnete man sie als *Geranium.* Und obwohl sie seit 1789 nach den Erkenntnissen des französischen Botanikers Charles-Louis L'Hertier de Brutelle endgültig den Pelargonien zugeordnet werden, hat sich bis heute – fälschlicherweise wohlgemerkt – die volkstümliche Bezeichnung »Geranie« in weiten Teilen des deutschsprachigen Raumes gehalten.
Pelargonien gehören zu den beliebtesten Balkonpflanzen und sind so pflegeleicht, daß sich damit fast automatisch die Vorstellung verbindet, die Namensgebung der einzelnen Arten sei genauso einfach. Dies ist nur leider gar nicht der Fall. Ich möchte deshalb an erster Stelle Namen und Bezeichnungen klären, damit Sie es bei der Auswahl der Pflanzen leichter haben.

Pelargonien

Alles, was rot vor Fenstern gedeiht, was üppig von Balkonkästen herunterwuchert oder auf Terrassen prachtvoll blüht – sei es nun Geranie oder Pelargonie genannt – heißt richtig Pelargonie. Um Mißverständnisse auszuschließen: Für Pflanzen dieser Art verwende ich in diesem Buch durchgehend die botanisch richtige Bezeichnung, nämlich Pelargonie.

Wildpelargonien

Nun dürfen Sie nicht glauben, daß die Pelargonien, die wir heute so gern vor Fenstern und auf Balkonen pflegen, die gleichen Pflanzen sind, die um das Jahr 1700 zum ersten Mal in Europa eintrafen. Was damals aus Kapland (Südafrika) zu uns kam, waren wilde Pflanzen mit wesentlich kleineren Blüten (→ Farbfotos, Seite 53), dünneren Dolden und oft auch kleineren Blättern (→ Farbfotos, Seite 24). Diese Wildpelargonien wachsen dort noch heute und bilden bis zu 2 m hohe Sträucher. Neben unseren heutigen gezüchteten Pelargonien erfreuen sich aber auch Wildpelargonien heutzutage bei uns zunehmender Beliebtheit und werden als Topfpflanzen im Zimmer oder den Sommer über auch im Freien gehalten. Ihre zierlichen Blüten erinnern teilweise an Orchideen, und die Blätter vieler Arten strömen einen aparten Duft aus.
Duftpelargonien sind heute sehr begehrte Raritäten. Die meisten sind Wildpelargonien mit duftenden Blättern. Manche sind aber auch gezüchtete Kreuzungen verschiedener Duftpelargonien-Arten (→ Seite 50).

Hybriden

Hybride ist der Fachbegriff für eine Pflanze, die aus einer Kreuzung unterschiedlicher Arten – aus einer sogenannten Bastardkreuzung – entstanden ist. Alle Pelargonien – außer den Wildpelargonien – sind Hybriden und somit Züchtungsergebnisse, also von Menschenhand gemacht! Und davon gibt es recht viele, die sich in 5 Gruppen zusammenfassen lassen.

Mein Tip: Sie können Wildpelargonien und Hybriden an der Schreibweise ihres botanischen Namens erkennen: Bei Wildpelargonien wird der Gattungsname (der erste Name) groß, der Artname klein geschrieben, bei Hybriden schreibt man beide Namen groß.

Stehende Pelargonien (Fachbegriff: *Pelargonium – Zonale* – Hybriden) sind entstanden aus einer Kreuzung der Gürtelpelargonie *(Pelargonium zonale)* und der Scharlachpelargonie *(Pelargonium inquinans,* → Zeichnung, Seite 8). Im Volksmund heißen stehende Hybriden auch »Steher«, »Stehpelargonien«, »Zonalpelargonien« oder »Gürtelpelargonien«, wobei sich letzteres auf den brauen Ring auf ihren Blättern bezieht (→ Farbfotos, Seite 47).

Unübertroffen im Blühen sind bei den hängenden Pelargonien die sogenannten Cascade-Sorten.

Hängende Pelargonien (Fachbegriff: *Pelargonium – Peltatum –* Hybriden) sind das Ergebnis einer Kreuzung zwischen der Schildpelargonie *(Pelargonium peltatum)* und anderen Wildpelargonien. Die volkstümlichen Bezeichnungen sind »Hänger«, »Hängepelargonie«, »Efeupelargonie« oder »Schildpelargonie« (→ Farbfotos, Seite 49).
Halbhängende Pelargonien (Fachbegriff: *Pelargonium – Zonale x Peltatum* – Hybriden) entstanden aus der Kreuzung zweier Hybriden: Der stehenden und der hängenden Hybride. Im Volksmund nennt man sie »Halbhänger« oder »Halbpeltaten« (→ Farbfoto Nr. 5, S. 49).
Blattpelargonien gehören in der Mehrzahl den stehenden Pelargonien an, einige von ihnen sind jedoch auch hängende Hybriden. Durch Veränderungen im Erbgut haben sich bei ihnen besonders interessante Blattformen oder -zeichnungen herausgebildet. Nun werden sie deswegen gezüchtet, obwohl sie natürlich auch Blüten besitzen (→ Farbfotos, Seite 57).
Edelpelargonien (Fachbegriff: *Pelargonium – Grandiflorum* – Hybriden) gehen zurück auf die Kapuzenblättrige Pelargonie *(Pelargonium cucullatum)* und andere Wildformen. Sie werden auch »Zimmerpelargonien« oder »Englische Pelargonien« genannt.
(→ Farbfotos, Seite 55)

Die Benennung von Pelargonien – manchmal ein Verwirrspiel
Aus all den genannten Hybriden wurden im Laufe der Jahre Hunderte von Pelargoniensorten gezüchtet. Aber Vorsicht: Nicht immer be-

Die Stammeltern aller stehenden Pelargonien-Hybriden. Links die Gürtelpelargonie, rechts die Scharlachpelargonie.

deutet ein neuer Name auch eine neue Züchtung. In manchen Gartenkatalogen findet man Altbekanntes unter jährlich neuen Phantasiebezeichnungen angeboten. Die Übersichten auf den Seiten 44–57 wollen Ihnen als Einkaufshilfe dienen. Dort wird immer der Züchter- oder Artname genannt.

Mein Tip: Lassen Sie sich nicht verwirren, wenn Ihnen noch ein weiterer Begriff begegnet, nämlich Pelargonien F_1-Hybriden. »F« ist die Abkürzung für lateinisch »filia«, die Tochter, »F_1« bezeichnet die erste Tochtergeneration einer bestimmten Kreuzung. Von Bedeutung für den Heimgärtner sind F_1-Hybriden, weil sie sich über Samen vermehren lassen (→ Vermehrung, Seite 32) im Unterschied zu allen anderen Pelargonienhybriden, die Sie nur über Stecklinge vermehren können (→ Vermehrung, Seite 35).

Geranien

Und hiermit sei's gesagt: Es gibt nicht nur Pelargonien, es gibt tatsächlich auch Geranien. Geranien sind mehrjährige winterharte Stauden, die von Mai bis September blühen und recht anspruchslos sind. Ihre oberirdischen Pflanzenteile sterben in jedem Herbst ab. Sie benötigen keinen Winterschutz. Im Frühjahr treiben die Pflanzen dann von neuem aus.

Wildformen: Geranien sind in ihrer wilden Form vor allem in den Pyrenäen, im Kaukasus und in Asien beheimatet. Dort kommen sie in der freien Natur vor.

Hybriden: In unseren Gärten befinden sich meist die gezüchteten Geranien-Hybriden, die je nach Art eine Höhe von 10 cm bis 1 m erreichen. Ihre Blütendolden sind weiß, rosa, rot, violett oder blau (→ Farbfotos, Seite 58/59).

So unterscheiden Sie Pelargonien und Geranien

Die beiden Gattungen *Pelargonium* und *Geranium* gehören zusammen mit noch einigen anderen Gattungen zur Pflanzenfamilie der *Geraniaceae* (Geraniengewächse). Neben anderen Merkmalen lassen sich Pelargonien und Geranien besonders gut an ihren Früchten und Blüten unterscheiden.

Pelargonium heißt Storchschnabel (griechisch: *pelargos*= Storch), was sich auf die Form der langen Spaltfrüchte bezieht.

Die Blüten lassen sich nur durch eine Achse in zwei gleiche Teile zerlegen (zygomorph) und haben einen Nektarsporn.

Geranium heißt Kranichschnabel (griechisch: *geranos* = Kranich). Auch dieser Name bezieht sich auf die Form der Früchte, die ebenfalls gespalten, aber etwas kürzer als die der Pelargonien sind.

Die Blüten sind regelmäßig rund (radiär) und ohne Nektarsporn.

Pelargonien als Nutzpflanzen

Die Eingeborenen in Südafrika verwenden manche Knollen und andere Pflanzenteile für medizinische Zwecke. Die zerstampften Stengel einer Pelargonienart dienen als Kopfschmerzmittel und Körperdeodorant, während man andere Blätter wie Tabak trocknet und raucht. In Südeuropa werden manche Pelargonienarten, wie zum Beispiel *Pelargonium radens* oder *Pelargonium graveolens* angebaut, um Geraniol zu gewinnen. Dies ist ein Grundstoff der Parfümherstellung. Sicherlich sind noch viele Heilstoffe der Wildpelargonie unbekannt, und es läßt sich bestimmt noch so mancher natürlicher Grundstoff aus dieser Pflanze gewinnen.

Wo Pelargonien und Geranien bei uns gepflegt werden

Pelargonien werden bei uns in der Regel auf dem Balkon, der Terrasse oder im Zimmer gehalten, Geranien nur im Garten. Welche Arten wo am besten gedeihen, sagen Ihnen die folgenden Abschnitte.

Auf Balkon und Terrasse
Die Mehrzahl aller Pelargonien wird bei uns in den warmen frostfreien Monaten vor dem Fenster, auf dem Balkon oder auf der Terrasse gehalten. Was da wächst und blüht, sind meist Pelargonien-Hybriden der stehenden oder hängenden Sorten.

Im Zimmer
Edelpelargonien, Wild-, Duft- und Blattpelargonien gedeihen im Zimmer prächtig und fühlen sich selbst in trockener Zimmerluft wohl. Vor allem Edelpelargonien gelten aufgrund dieser Eigenschaft als regelrechte Zimmerpflanzen. In der warmen Jahreszeit können Sie diese Pflanzen jedoch ohne weiteres ins Freie stellen und beobachten, wie gut ihnen das bekommt.

Im Garten
Geranien-Hybriden sind – wie schon erwähnt – winterharte Gartenstauden. Sie bilden weitläufige Wurzeln, fühlen sich aber auch in ausreichend großen Pflanztrögen wohl.
Pelargonien-Hybriden und Blattpelargonien können Sie in den Sommermonaten in Gartenbeete pflanzen. Da sie nicht winterhart sind, werden sie allerdings den ersten strengen Frost nicht überleben, wenn sie zuvor nicht ins Haus gebracht werden.
Hinweis: Da Pelargonien und Geranien je nachdem, wo sie stehen, unterschiedliche Pflege brauchen, ist jedes Kapitel in diesem Buch in die 3 Standort-Bereiche unterteilt.

Wildpelargonien an einem typischen, trockenen Naturstandort in Südafrika.

So kommen Sie zu Pelargonien und Geranien

Nicht alle Pelargonien und Geranien sind einfach zu erhalten. Es gibt seltene Sorten, die unter Liebhabern wie Kostbarkeiten gehandelt werden. Die häufigste Einkaufsquelle wird jedoch der Fachhandel sein.

Fachhandel
Gärtnereien: Beim Gärtner kann man die Pelargonien sozusagen taufrisch von der Quelle meist direkt im Gewächshaus aussuchen.
Blumengeschäfte, Gartenfachgeschäfte, Gartencenter bieten weitere gute Einkaufsmöglichkeiten. Dort bekommen Sie auch zur Pflanzzeit eine große Auswahl an benötigtem Zubehör wie Erde, Dünger und Pflanzgefäße.
Versandgärtnereien bieten ebenfalls Pelargonien an, und zwar in reich bebilderten Katalogen. Hier können Sie die Pflanzen nicht selbst aussuchen, müssen sie dafür aber auch nicht nach Hause transportieren.

Tausch- und Suchanzeigen
Seltene Sorten von Wild-, Duft- und Blattpelargonien findet man oft nur über Tausch- und Suchanzeigen in Gartenzeitschriften.

Samen oder Ableger
F_1-Hybriden (→ Mein Tip, Seite 8) und Wildpelargonien lassen sich über Samen, alle anderen Hybriden nur über Stecklinge vermehren (→ Seite 35). Pelargonien-Samen können Sie im Fachhandel bekommen, Stecklinge vielleicht von netten Nachbarn oder Freunden, von Januar bis April auch im Fachhandel.

Blattpelargonien (hier die Sorte »Chelsea Gem«) gedeihen im Zimmer prächtig – im Sommer auch im Freien.

Was Sie beim Kauf von Pelargonien und Geranien wissen sollten

Pelargonien für Balkon und Terrasse

Die richtige Zeit: Pelargonien-Hybriden können Sie von Januar bis April als bewurzelte Stecklinge, ab März als halbfertige und ab Ende April als fertige Pflanzen kaufen.

Bewurzelte Stecklinge sollten kompakt im Wuchs sein, sattgrünes Laub ohne Verfärbungen und zahlreiche Wurzeln besitzen, die aus dem Vermehrungstopf herausschauen. Bewurzelte Stecklinge mit gelblichem Laub, die lang und wakkelig sind, lassen Sie lieber stehen.

Halbfertige Pflanzen sind Pelargonien mit einem Trieb, die im 9-cm-Topf angeboten werden. Die Pflanzen sollten kompakt im Wuchs sein und mindestens eine Knospe besitzen, die bereits Farbe zeigt oder am Aufblühen ist.

Fertige Pflanzen werden im 11-cm-Topf angeboten. Sie haben immer mehrere Triebe, und ihre Knospen sind gerade am Aufblühen.

Gesunde Pflanzen: Achten Sie darauf, daß die Pflanzen sattgrünes Laub besitzen; es ist ein Zeichen, daß sie richtig ernährt wurden. Schauen Sie auch auf die Unterseite der Blätter, denn dort sitzen häufig Schädlinge. Pflanzen mit Pilzkrankheiten, tierischen Schädlingen (→ Seite 26) oder angefaulten Knospen und Wurzeln sollten Sie nicht nehmen.

Verblühte Blüten: Wenn bei einer gesunden Pflanze die Blüte gerade am Verblühen ist, macht das weiter nichts. Brechen Sie zu Hause den

Stengel einfach aus (→ Zeichnung Seite 23).

Pelargonien für das Zimmer
Die richtige Zeit: Edelpelargonien werden fast das ganze Jahr über blühend im 11-cm-Topf angeboten. Duft- und Blattpelargonien können Sie nur gelegentlich vom Frühjahr bis in den Sommer hinein in Fachgeschäften erhalten. Häufig werden Sie sich an Pelargonien-Liebhaber halten müssen, wenn Sie eine solche Pflanze erwerben möchten.
Gesunde Pflanzen: Achten Sie auch bei Edel-, Duft- und Blattpelargonien auf sattgrünes Laub.
Prüfen Sie nach, daß die Pelargonien nicht von Schädlingen und Krankheiten befallen sind (→ Seite 26). Edelpelargonien sind wenig anfällig für Schädlinge. Sie können lediglich von der Weißen Fliege (→ Seite 26) befallen werden – sind dafür jedoch sehr empfindlich gegenüber Staunässe. Werfen Sie also auch einen Blick in den Übertopf oder den Untersetzer der Pflanze. Sie sollte nicht im Wasser stehen.

Mein Tip: Seien Sie besonders kritisch, wenn Pelargonien zum Kauf angeboten werden, die in zugwindgefährdeten Eingangszonen, unter Kunstlicht oder in zu dunklen Räumen stehen. Die Pflanze reagiert darauf mit Knospenfall, vergilbendem Laub und erholt sich nur langsam davon.

Geranien für den Garten
Die richtige Zeit: Geranien bekommen Sie von März bis Oktober in Staudengärtnereien oder im Gartencenter.
Wachstumsphase: Die Pflanzen sollen beim Kauf bereits ausgetrieben haben. Meist werden sie im 9-cm-Plastikcontainer verkauft.

Heimtransport und Aufbewahrung

So bringen Sie gekaufte Pflanzen am besten nach Hause.

Pelargonien für Balkon und Terrasse
Transportieren Sie Ihre Pelargonien aufrecht stehend in höheren Kartons oder Obstkisten.
Falls die Pelargonien zu Hause nicht gleich ins Endgefäß gepflanzt werden, müssen sie unbedingt ausgepackt und in einen hellen, frostfreien Raum gestellt werden. Wässern Sie sie, wenn nötig und lüften Sie den Raum häufig, das macht sie widerstandsfähig. Entfernen Sie das bei Hängepelargonien mitgelieferte Stäbchen erst einige Wochen nach dem Einpflanzen in das neue Gefäß, damit die Pflanzen nicht abknicken.

Pelargonien für das Zimmer
Wenn Sie blühende Edelpelargonien im Winter kaufen, so achten Sie darauf, daß die Pflanzen dick mit Zeitungspapier eingewickelt werden. Pelargonien sind sehr frostempfindlich und sollten auf keinen Fall längere Zeit durch die kalte Winterluft getragen werden.
Pelargonien fürs Zimmer müssen nach dem Kauf nicht umgetopft werden. Der optimale Standort für sie ist eine sonnige Fensterbank.

Geranien für den Garten
Da Staudengeranien in Plastikcontainern angeboten werden, müssen sie nicht unbedingt gleich nach dem Kauf eingepflanzt werden. Bewahren Sie sie im Garten auf, auf keinen Fall im Zimmer, damit die Pflanzen nicht zu viel Wärme abbekommen und zu früh zu treiben beginnen.

Geranien beleben Naturgärten (hier »Geranium meeboldi«).

Einpflanzen und erste Pflege

Pelargonien und Geranien sind vielseitige und dekorative Pflanzen, die seit jeher zur Zierde von Heim und Garten dienten. Je mehr Sie ihre Bedürfnisse berücksichtigen, desto prachtvoller werden sie sich entwickeln. Wer deshalb für beste Voraussetzungen sorgt – Standort, Erde, Nährstoffe und Pflanzgefäße von Anfang an richtig wählt – wird in kurzer Zeit mit Blüten über Blüten belohnt.

Pelargonien auf Balkon und Terrasse

Wenn die »Eisheiligen« (11. bis 15. Mai) vorüber sind, können Sie Ihre selbstgezogenen oder gekauften Pelargonien ins Freie bringen. Jetzt ist der Zeitpunkt gekommen, die Jungpflanzen aus ihren Anzuchttöpfen zu nehmen und in die endgültigen Pflanzgefäße zu packen. Mit Pelargonien haben Sie herrliche Möglichkeiten, sich auf Balkon und Terrasse ein kleines Paradies zu schaffen. Und ich versichere Ihnen, wenn Sie den Bedürfnissen der Pflanzen entgegenkommen, werden Sie bald ringsherum von buntblühenden Pelargonien angelacht.

Der richtige Standort

Noch vor dem Einpflanzen sollten Sie sich Gedanken über den künftigen Standort Ihrer Pflanzen machen. Als Gewächse aus subtropischer Heimat brauchen Pelargonien volle Sonne und Wärme, um prächtig zu gedeihen. Der richtige Standort sollte deshalb sonnig, zumindest halbschattig sein. Diese Verhältnisse bieten Fenster, Balkone und Terrassen in Süd-, Südwest- oder Südostlagen.

Ein vollsonniger Standort ist das, was Blüten und Blätter der Pelargonien lieben, die Wurzeln allerdings sind empfindlich gegenüber großer Hitze. Bei starker Sonneneinstrahlung können in dünnwandigen Balkonkästen (zum Beispiel in Kästen aus Plastik) extreme Temperaturen an den Wurzeln entstehen und Schäden anrichten. Beugen Sie Verbrennungsschäden vor, indem Sie die Pflanzkästen zur Sonnenseite hin mit Holz verblenden. Die Hitzeeinwirkung auf die Wurzeln wird so etwas abgefangen und die Austrocknung der Pflanzerde eingeschränkt.

Gekaufte Erde

Faustregel: Pelargonien mögen mittelschwere (das heißt ein Gemisch aus lockeren humushaltigen und festen lehmhaltigen Bestandteilen), gut durchlüftete und nährstoffreiche Erde, die von feinkrümeliger Beschaffenheit sein sollte. Eine solche Erde rieselt locker durch die Finger, fühlt sich feucht an und hat einen angenehmen Erdgeruch.

Handelserden: Im Fachhandel ist ein vielfältiges Angebot von Erden unter den verschiedensten Bezeichnungen und in unterschiedlicher Qualität zu finden. Für den Laien sind Unterschiede jedoch nur schwer feststellbar. Der Hauptbestandteil aller Handelserden ist Torf.

Durchschnittliche und billige Handelserden: Einige dieser Erden und alle sogenannten »Billigerden« bestehen ausschließlich aus Torf. Sie sind für Pelargonien nicht zu empfehlen, denn aus Torf werden bei starkem Regen die Nährstoffe sehr schnell ausgespült. Außerdem hat Torf eine schlechte Wasserführung, das heißt, entweder hält er das Substrat zu naß oder zu trocken. Die Gefahr, daß die Erde zu lange feucht bleibt, ist groß, und Nässe vertragen die Wurzeln der Pelargonien nicht. Schwarztorf – weil zu sauer – ist für Pelargonien völlig ungeeignet.

Einheitserde: Für Pelargonien empfehle ich sogenannte Einheitserde mit mindestens 30 % Tonanteil. Der Tonanteil ist bei Einheitserde immer auf der Packung angegeben. Diese Erde ist teurer als die anderen Handelserden, hält aber wegen des Tonanteils die Nährstoffe gut und gewährleistet eine ausgewogene Wasserversorgung der Pflanzen. Einheitserde ist auch in einem reichen Maß mit Nährstoffen versehen, so daß Sie sie im Unterschied zu anderen Handelserden nicht mehr grunddüngen müssen.

Am sonnigen Standort entwickeln sich Pelargonien prächtig und bringen Farbe und Leben in jede Umgebung.

Pflanzerde selbst gemischt

Dieses Verfahren empfiehlt sich wenn Ihnen irgendeine Art von Erde zur Verfügung steht, sei es Humus oder Komposterde aus dem Garten oder andere Erde vom Vorjahr.

Erste Methode – Erde vom Vorjahr als Grundlage

Wer seine gesunden Pelargonien auf keinen Fall überwintern will oder kann, im nächsten Jahr aber wieder Pelargonien halten möchte, sollte dies probieren.

Wichtig: Die Erde kranker Pflanzen auf keinen Fall weiterverwenden, sondern wegwerfen. Kranke Pflanzen nie überwintern (→ Überwinterung, Seite 28)!

So wird's gemacht: Schneiden Sie im Spätherbst die oberirdischen Triebe ab.

- Die Pflanzgefäße mitsamt der feuchten Erde und den Wurzeln mit einer Folie zudecken, um Feuchtigkeit in der Erde zu halten.
- Dann stellen Sie die Pflanzgefäße den Winter über an einen frostfreien Platz. Bis zum folgenden Frühling sind alle feinen Wurzeln verrottet.
- Im Frühling vor dem Einpflanzen der neuen Pelargonien werden die Blumenkästen entleert, die alten Wurzelballen ausgeschüttelt und entfernt und das Erdreich mit der Hand aufgelockert. Nun besitzen Sie wieder reines Pflanzsubstrat, das Sie, wenn die Menge nicht ausreicht, mit gekaufter Einheitserde vermischen können.
- Der so aufbereiteten Erde muß ein Grunddünger (→ Seite 15) beigegeben werden.

Umwelttip: Gerade Balkonbesitzer und Städter können mit dieser Methode einen kleinen Beitrag zum Naturschutz leisten. Da Handelserden überwiegend aus Torf bestehen, werden durch ihre Verarbeitung zu Blumenerden unsere Moorgebiete stark in Mitleidenschaft gezogen. Gehen Sie deshalb sehr bewußt mit Erde um! Werfen Sie gebrauchte Blumenerde nie weg. Die Erde kranker Pflanzen jedoch nicht weiterverwenden!

Zweite Methode – Humus als Grundlage

Reiner Humus (das ist die oberste, meist dunkelbraune, sehr nährstoffreiche Schicht des Bodens) oder Landerde sind für Pelargonien zu schwer.

So wird's gemacht: Vermengen Sie den Humus zu gleichen Teilen mit verrotteter Lauberde oder notfalls mit Torf. Um Unkrautwuchs zu verhindern, entfernen Sie möglichst alle Grassoden und Wurzeln. Dieser Erdmischung sollten Sie einen Grunddünger (→ Seite 15) zusetzen.

Dritte Methode – Komposterde als Grundlage

Wenn Sie in der glücklichen Lage sind, einen Komposthaufen zu besitzen, haben Sie genau die richtige Erde für Ihre Pelargonien. Denn Komposterde ist nicht nur sehr nährstoffreich, sondern besitzt auch viele Mikroorganismen, die ihrerseits Stoffe in Nährstoffe für die Pflanze umwandeln.

So wird's gemacht: Sie müssen die gut abgelagerte Komposterde nur durch ein Sieb werfen und etwas Kalk beimengen. Auf diese Weise werden die im Kompost reich vorhandenen Nährstoffe aufgeschlossen und für die Pflanze verfügbar gemacht. Komposterde besitzt so viele Nährstoffe, daß Sie keine Grunddüngung mehr vornehmen müssen.

△ *Stehende Pelargonie, Sorte »Champagner«.*

▽ *Die stehende Sorte »Fidelio« eignet sich auch zur Beetbepflanzung.*

Düngen und Grunddünger

Die Pelargonie benötigt zum Wachsen und Blühen die Hauptnährstoffe Stickstoff (N), Phosphor (P) und Kalium (K); daneben braucht sie in geringen Mengen andere Stoffe (zum Beispiel Magnesium, Eisen, Schwefel, Mangan, Bor, Kupfer und andere), die sogenannten Spurenelemente. Am einfachsten führen Sie der Pelargonie Nährstoffe durch Düngergaben zu. Dünger, in denen alle Hauptnährstoffe enthalten sind, heißen Volldünger.

Faustregel: Der richtige Grunddünger für Pelargonien ist immer ein Volldünger, der in fester Form der Pflanzerde beigemischt wird.

Was Sie über Volldünger wissen sollten

Es gibt Volldünger in fester Form (besonders zur Grunddüngung geeignet) oder in Wasser aufgelöst als Flüssigdünger (vor allem zum Nachdüngen der Pelargonien zu empfehlen, → Seite 22). Auf den Düngemittelpackungen können Sie den Nährstoffgehalt, das sogenannte »N-P-K-Verhältnis« nachlesen. Es kann als reine Zahlenfolge genannt werden und gibt an, wieviel Prozent jedes Nährstoffs im Dünger vorhanden sind. Zum Beispiel bedeutet 15-11-15: 15% Stickstoff, 11% Phosphor und 15% Kalium. Ist ein solches Dreierverhältnis angegeben, können Sie sicher sein, einen Volldünger vor sich zu haben.

Volldünger werden aber nicht nur nach ihrer Form (fest oder flüssig) unterschieden, sondern auch nach der Art, an welche Substanzen die Hauptnährstoffe gebunden sind:

Anorganische (mineralische) Volldünger: Der bekannteste Vertreter dieser Art ist der im Handel erhältliche Blaukorn-Dünger. Bei anorganischen Volldüngern sind die Nährstoffe und Spurenelemente an synthetische Stoffe – wie zum Beispiel Salze – gebunden. Bei festen anorganischen Volldüngern werden die Nährstoffe durch Feuchtigkeit (also zum Beispiel beim Gießen) gelöst, während sie bei flüssigen, anorganischen Volldüngern bereits gelöst sind. In beiden Fällen kann die Pflanze die Nährstoffe direkt aufnehmen.

- Vorteil: Die Düngewirkung setzt sofort ein.
- Nachteile: Durch zuviel Feuchtigkeit (zum Beispiel bei lang anhaltendem Regen) können die Nährstoffe schnell ausgespült werden – und, was Sie unbedingt beachten sollten: bei übermäßiger Düngergabe kann das Erdreich versalzen, was zu Verbrennungen an Wurzeln und Blättern führt.

Organisch-mineralische Volldünger: Bei diesen Düngern sind die Nährstoffe Stickstoff (N) und Phosphor (P) an organische Stoffe gebunden (das sind tierische Abfallprodukte wie Hornmehl, Hornspäne, Knochenmehl, Fischmehl, Blutmehl, Vogelkot und so weiter), Kalium dagegen ist vorwiegend mineralisch verankert. Wenn Sie der Pelargonie einen solchen Dünger verabreichen, so setzt ein ganz anderer Prozeß ein als bei einem anorganischen Dünger. Im Unterschied dazu kann die Pflanze nämlich organisch gebundene Nährstoffe nicht direkt aufnehmen. Sie müssen erst von den im Boden lebenden Mikroorganismen und Bakterien zersetzt und umgewandelt werden. Kaum zu glauben, daß es in einer Handvoll Erde mehr dieser Kleinstlebewesen gibt als Menschen auf der Welt! In diesem Umwandlungsprozeß werden alle Grundbausteine, die die Pflanze zum Wachsen braucht (zum Beispiel Stickstoff, Phosphor und andere) freigesetzt, so daß sie als anorganische Stoffe nun von der Pflanze aufgenommmen werden können. Dieser Vorgang heißt Mineralisierung.

- Vorteile: Wenn Sie einen Dünger mit organischen Bestandteilen verwenden, wird die Tätigkeit der Bakterien und Mikroorganismen im Boden angeregt, es bildet sich mehr Humus, der Boden wird also fruchtbarer. Die Erde wird außerdem nicht mit Salzen belastet (wie beim anorganischen Düngen) und die Düngewirkung hält länger an. Organisch-mineralische Dünger bestehen aus natürlichen Grundsubstanzen und sind daher umweltfreundlich!
- Nachteil: Da die Nährstoffe für die Pflanzen erst umgesetzt werden müssen, setzt die Düngewirkung nicht gleich ein.

Organische (biologische Dünger): Rein organische Dünger sind oft keine Volldünger. Ihnen fehlt meist der wichtige Pflanzennährstoff Kalium, der hauptsächlich in anorganischen Verbindungen vorkommt. Im Fachhandel werden organische Dünger zum Beispiel als Hornmehl, Hornspäne, Knochenmehl, Blutmehl, Guano, Rinderdung und so weiter angeboten. Jeder dieser Dünger liefert meist nur einen Nährstoff, zum Beispiel Hornspäne: Stickstoff, oder Knochenmehl: Phosphor. Als Grunddüngung empfiehlt sich deshalb eine Mischung verschiedener Dünger mit verschiedenen Nährstoffen – was im Fachhandel auch unter dem Begriff »Biodünger« angeboten wird, der ein Volldünger sein kann, wenn er auch Kalium enthält.

Richtig Grunddüngen – so wird's gemacht

Faustregel: Jeder Erde, in die Sie Pelargonien pflanzen möchten – mit Ausnahme von Kompost- und Einheitserde, die bereits reich an Nährstoffen sind – sollten Sie einen festen Volldünger beimischen.

Hier nun die beiden sinnvollsten Methoden des Grunddüngens:
Erste Methode: Organisch-mineralische Grunddüngung. Sie können im Fachhandel unter verschiedenen fertigen organisch-mineralischen Volldüngern wählen. Nehmen Sie als Grunddünger einen festen Volldünger mit höherem Stickstoffanteil, denn Stickstoff fördert das Wachstum von Stengeln und Blättern (→ Tabelle, Seite 22) und kräftigt Ihre jungen Pflanzen.
Als Alternative können Sie auch einen Biodünger (also eine rein organische Düngermischung) nehmen, doch sollten Sie auch hier darauf achten, daß es ein fester Dünger mit höherem Stickstoffgehalt ist.

- Richtig dosieren! Meist ist auf der Düngemittelpackung das Mengenverhältnis von Dünger und Erde angegeben. Wenn es auf Ihrem Dünger fehlen sollte, so halten Sie sich an den Durchschnittswert von maximal 70 Gramm organisch-mineralischem Dünger auf 10 Liter Erde. Im Biodünger sind die Nährstoffe weniger konzentriert als in fertigen organisch-mineralischen oder gar anorganischen Düngemischungen. Sie laufen also kaum Gefahr zu überdüngen. Beachten Sie trotzdem auch bei Biodünger die Dosierungsangaben auf der Verpackung.
- Gut verteilen! Achten Sie darauf, daß der Volldünger gleichmäßig unter die Erde gemischt wird. Das geht am besten, wenn Sie den Dünger auf der Pflanzerde verteilen und anschließend mit der Schaufel zweimal gut durchmischen.
- Dauer der Nährstoffversorgung. Der organisch-mineralische Volldünger liefert der Pflanze etwa 6 Wochen lang alle wichtigen Nährstoffe. Dies ist nur ein ungefährer Richtwert. Merken Sie sich jedoch dieses Datum, und düngen Sie nach 6 Wochen mit einem flüssigen Volldünger (mit höherem Phosphorgehalt, der die Blütenbildung begünstigt) im Gießwasser nach (→ Nachdüngen, Seite 22).

Zweite Methode: Depot- oder Langzeitdünger als Alternative. Depot- oder Langzeitdünger sind anorganische Volldünger. Sie bestehen aus kleinen Kügelchen, in die die Nährstoffe hoch konzentriert eingeschlossen sind. Bei Feuchtigkeit werden die Kügelchen durchlässig und geben kontinuierlich eine Nährlösung ab.

- Richtig dosieren! Halten Sie sich genau an die Mengenangaben auf der Packung, damit Ihre Pflanzen nicht versalzen (→ anorganische Dünger, Seite 15). Wenn keine Dosierung angegeben ist, hier zwei Maßangaben zur Orientierung: Rechnen Sie 1 Eßlöffel pro Pflanze oder 5 Eßlöffel für einen Blumenkasten von 80 cm Länge.
- Gut verteilen! Mischen Sie den Depot- oder Langzeitdünger unter die Pflanzerde, so daß er gleichmäßig verteilt ist.
- Dauer der Nährstoffversorgung: Depot- oder Langzeitdünger versorgen Pflanzen über einen Zeitraum von 3 bis 4 Monaten mit Nährstoffen und sind insofern eine Alternative zur organisch-mineralischen Grunddüngung.

Wichtig: Es ist jedoch falsch anzunehmen, Sie müßten sich bei dieser Düngemethode in jedem Fall ein Vierteljahr nicht mehr um die Nährstoffversorgung Ihrer Pflanzen kümmern. Bei starkem Regen zum Beispiel können die Nährstoffe sehr schnell gelöst und ausgespült werden, so daß die Düngewirkung früher als geplant – und meist schlagartig – nachläßt. Sie erkennen es daran, wenn das Laub Ihrer Pelargonien gelb wird. Düngen Sie in diesem Fall mit einem anorganischen Flüssigdünger im Gießwasser nach (→ Nachdüngen, Seite 22) oder streuen Sie einen schnellwirkenden festen anorganischen Dünger (zum Beispiel Blaukorn, im Gartenfachhandel erhältlich) auf die feuchte Pflanzerde.

Pflanzgefäße

Pelargonien können in die unterschiedlichsten Gefäße gepflanzt werden. Sehr häufig findet man sie in Blumenkästen vor Fenstern und Balkonen. Sehr praktisch sind Kästen aus Plastik, die es in zwei Breiten (15 cm und 20 cm) und unterschiedlichen Längen gibt. Sie haben kein großes Eigengewicht, sind günstig zu transportieren und doch stabil.
Aber Sie müssen sich nicht auf Kästen beschränken: Pelargonien fühlen sich auch wohl in Töpfen, Schalen, Ampeln, Krügen, alten Bügeleisen und so weiter. Das Material der Gefäße hat keinen Einfluß auf das Wachstum der Pflanzen, allerdings sollten Sie darauf achten, daß das Gefäß keine oxydierenden Stoffe wie Kupfer, Zinn und Zink enthält, denn die sind für die Pflanze unverträglich oder gar giftig.

Darauf sollten Sie bei der Auswahl der Pflanzgefäße achten

- Die Wurzeln der Pelargonien vertragen keine Staunässe. Ganz gleich welches Gefäß Sie wählen – es sollte unbedingt eine Ablaufmöglichkeit für das Wasser besitzen.
- Pelargonien können sich zu stattlichen Büschen von beträchtlichem Ausmaß entwickeln. Ihre Gefäße sollten deshalb eine gute Standfestigkeit haben, damit sie nicht gleich beim ersten Windstoß umkippen.
- Die Pelargonie braucht genügend Platz um den Wurzelballen, um sich prachtvoll zu entfalten. Wenn Sie bei Balkonkästen die breitere Version (20 cm) wählen, werden es Ihnen die Pflanzen mit einem reichen Blütenflor danken.

• Für Pelargonien, die in Kästen am Balkongeländer gehalten werden, empfehlen sich passende Untersätze zu den Pflanzkästen und verstellbare Balkonkastenhalterungen (am besten aus Metall). Beides ist im Fachhandel erhältlich.
• Hängende Gefäße sollten aus leichterem Material (zum Beispiel Plastik) sein; dann sind sie einfacher zu transportieren und bringen weniger Eigengewicht mit als Belastung für die Halterungen.
• Bewahren Sie im Winter nur solche Pflanzgefäße im Freien auf, die wirklich frostsicher sind (zum Beispiel Gefäße aus Plastik). Besonders empfindlich gegen Frost sind Tongefäße, sie können Sprünge bekommen oder abblättern.

Mein Tip: Nach unten konisch zulaufende Gefäße bieten dem Frost weniger Angriffsfläche und sind deshalb frostsicherer.

Tips zur Vorbereitung der Pflanzgefäße

Neue Tongefäße: Neue Tongefäße sollten vor dem ersten Gebrauch vollständig in Wasser eingetaucht werden, und zwar so lange, bis keine Luftbläschen mehr aufsteigen. Durch dieses Wässern werden anhaftende Produktionsrückstände entfernt. Außerdem wird verhindert, daß ein zu trockener Tontopf der Pflanzerde zuviel Feuchtigkeit entzieht.

Gestaltungsmöglichkeiten. Stehende und hängende Pelargonien in Balkonkästen als Pflanzkombinationen – auch mit anderen Sommerblumen – und in Ampeln.

Gebrauchte Gefäße: Sie müssen gründlich von Rückständen gesäubert werden. Verwenden Sie dazu klares Wasser. Gefäße, in denen sich kranke Pflanzen befunden haben, sollten Sie mit einem Desinfektionsmittel behandeln, das Sie wieder gründlich ausspülen müssen.
Abzugslöcher: Alle Gefäße brauchen funktionstüchtige Abzugslöcher, damit sich keine Staunässe bildet. Vergessen Sie bei neuen Blumenkästen nicht, die vorgestanzten Löcher zu durchstoßen.
Freihalten des Wasserablaufs: Legen Sie vor dem Einfüllen der Erde Tonscherben mit der Wölbung nach oben auf die Löcher, um zu verhindern, daß Erde den Ablauf verstopft. Bei größeren Gefäßen lagern Sie am besten eine ganze Schicht Tonscherben oder Blähton ein.
Trennmaterial: Darüber kommt eine Vliesmatte, um das Eindringen der Erde in die Tonschicht zu verhindern. Mit Hilfe dieser Drainageschicht läuft überflüssiges Wasser gut ab. Der Ton speichert Feuchtigkeit und dient somit der Wasserbevorratung.
Einfüllen der Pflanzerde: Füllen Sie nun die Gefäße bis 2 cm unter den Rand mit Erde. Am besten stellen Sie dazu die Gefäße ganz dicht nebeneinander, weil dann weniger Erde danebenfällt.

So pflanzen Sie richtig ein

- Gießen Sie die Pelargonien ein paar Stunden vor dem Einpflanzen, denn ihre Ballen dürfen nicht trokken sein. Dann stellen Sie die Pflanzen in der Reihenfolge ihrer Verwendung auf den Arbeitstisch.
- Zum Austopfen fassen Sie den Wurzelhals der Pelargonien zwischen Ring- und Mittelfinger (→ Zeichnung), drehen den Topf nach oben und klopfen den Topfrand leicht auf die Tischkante. Nun läßt sich der Topf mit einer Drehbewegung gut entfernen, ohne daß der Wurzelballen beschädigt wird. Keinesfalls dürfen Sie den eingewachsenen Gittertopf, der zur Vermehrung notwendig war (→ Vermehrung, Seite 34), entfernen.
- Machen Sie jetzt eine Vertiefung ins Erdreich und stellen Sie den Ballen hinein, so daß der Wurzelhals nicht tiefer in die Erde kommt als er im Anzuchttopf war.
- Drücken Sie mit einer Hand etwas Erde an den Ballen, so kommt ein guter Wurzelkontakt zustande.
- Pflanzen Sie auf einen Kasten von 1 Meter Länge nicht mehr als 5 Pelargonien.
- Achten Sie darauf, daß Hängepelargonien schräg nach vorne geneigt eingepflanzt werden.
- Wenn alle Pelargonien im Gefäß sind, muß ein Gießrand von mindestens 1 cm übrig bleiben, damit beim Angießen keine Erde weggespült wird.

Richtiges Austopfen. Wurzelhals zwischen Ring- und Mittelfinger fassen, mit der anderen Hand Topf vorsichtig drehen, bis der Wurzelballen sich löst.

Erste Pflegemaßnahmen

Die frisch eingepflanzten Pelargonien werden nun an ihren endgültigen Standort gebracht und vorsichtig angegossen, damit die Erde nicht weggeschwemmt wird. Schenken Sie ihnen dort noch einen prüfenden Blick:

- Sind beim Einpflanzen oder Transport zum endgültigen Standort Blätter oder Blüten abgebrochen, sollten Sie diese jetzt entfernen.
- Befinden sich Ihre Pelargonien unter einem Vordach, so sind sie vor Regen und Unwetter geschützt. Ist dies nicht der Fall, so können Sie im Fachhandel Folienhauben zum Schutz vor Unwetter, Regen und Hagel kaufen. Folienhauben sind auch bei wochenlangem Dauerregen sehr nützlich und verhindern andauernde Nässe um die Wurzeln, die zur Fäulnis führt.

Pelargonien im Zimmer

Der optimale Standort
Edel-, Duft- und Blattpelargonien bevorzugen volle Sonne. Stellen Sie sie deshalb an ein Südfenster, das Sie bei starker Hitze schattieren können.

Die richtige Erde
Pelargonien, die im Zimmer gehalten werden, müssen nach dem Kauf nicht umgetopft werden und brauchen folglich keine neue Erde.

Grunddüngen
Es erübrigt sich ebenfalls, da Grunddünger immer eine Begleitmaßnahme zum Einpflanzen in ein neues Substrat ist.

Pflanzgefäße
Pelargonien fürs Zimmer bleiben nach dem Kauf im mitgelieferten Topf. Sie werden erst in einen grö-

ßeren Topf gepflanzt, wenn der al-:e zu klein ist (→ Umtopfen, Seite ?5). Ein Pflanzgefäß ist dann zu :lein, wenn die Wurzeln nahezu die gesamte Erde aufgebraucht haben ınd den Topf ganz ausfüllen. Dies st nicht unbedingt der Fall, wenn ınten aus dem Wasserablauf Wur-:eln herauswachsen. Wenn Sie glau-)en, daß die Pflanze umgetopft wer-len müßte, topfen Sie sie aus (→ Zeichnung, Seite 18), und prüfen Sie ıach, wieviel Platz die Wurzeln noch m alten Topf haben.
Gerade Pflanzen, die im Zimmer gehalten werden, versieht man gern mit einem schmückenden Jbertopf. Zwischen ihm und dem Pflanzgefäß sollte insgesamt ein Abstand von 1,5 cm bestehen. Da-lurch kann ein besserer Luftaus-ausch um den Pflanztopf herum tattfinden. Wenn Sie Ihre Pelargo-ıien im Zimmer in einen Übertopf tellen, achten Sie beim Gießen larauf, daß kein überschüssiges Vasser im Übertopf steht, damit lie Wurzeln der Pflanzen nicht zu aulen beginnen.

Pelargonien (Sorte »Feuercascade«) in Ampel schmücken eine Pergola.

Geranien im Garten

Der optimale Standort
Staudengeranien stehen am lieb-ten im lichten Schatten, zum Bei-piel zwischen hohen Gräsern oder träuchern (→ Foto, Seite 58).

Die richtige Erde
Da Staudengeranien eine nährstoff-altige Erde mögen, ist der optima-e Boden für sie gut humus- oder ehmhaltig.

Grunddüngen
Geben Sie jeder einzelnen Stauden-eranie beim Einpflanzen eine Handvoll Biodünger ins Erdreich. Dies reicht aus, um sie zu Wachs-um und reicher Blüte anzuregen.

Einpflanzen
Fast immer werden Sie Staudengeranien als Containerpflanzen erhalten, die während der gesamten Vegetationszeit eingepflanzt werden können. Wenn Sie sie ausnahmsweise als Teilstecklinge bekommen, dann ist der richtige Zeitpunkt zum Einpflanzen das Frühjahr (kurz nachdem die Pflanze ausgetrieben hat) oder der Herbst (ab Oktober, nachdem die Geranie »eingezogen« hat, das heißt, nachdem die Blätter und Stengel braun geworden sind).
So wird's gemacht:
- Heben sie mit dem Spaten ein etwa 30×30 cm großes Loch aus und mischen Sie die ausgeschaufelte Erde mit einer Handvoll Biodünger.
- Nun die Hälfte der Erde wieder ins Loch füllen.
- Die Staudengeranie vorsichtig aus dem Container entfernen und mit einer Hand den Wurzelhals in Höhe der Erdoberfläche halten.
Die Geranie sollte nicht tiefer, als sie im Container war, ins Erdreich eingepflanzt werden.
- Mit der anderen Hand die Erd-Düngermischung um den Wurzelballen verteilen und leicht andrücken.
- Abschließend gründlich angießen, damit sich die Erde eng um die Wurzeln legt.

Erste Pflegemaßnahmen
Wenn die Witterung nach dem Einpflanzen zu trocken ist, müssen Sie die Staudengeranie ab und zu gießen. Nach 14 Tagen ist sie jedoch angewachsen, und weiteres Gießen kann entfallen, da die normale Regenmenge in der Regel ausreicht.

Erfolgreiche Pflege – einfach aber wichtig

Pelargonien und Geranien den Sommer über die beste Pflege angedeihen zu lassen, bedeutet vor allem, sie richtig mit Wasser und Nährstoffen zu versorgen. Daneben fallen ordnende Maßnahmen an, wie vertrocknetes Laub oder welke Blüten auszubrechen, übermäßig wachsende Triebe zu kürzen oder Unkraut zu entfernen. Auch die Vorbeugung gegen Schädlinge und Krankheiten oder deren Bekämpfung gehören dazu.

Pelargonien auf Balkon und Terrasse

Sie haben Ihre Pelargonien liebevoll eingepflanzt und wünschen sich nun, daß sie sich bald zu üppiger und farbenfroher Blütenpracht entwickeln. Dazu ist kein großer Aufwand nötig, denn Pelargonien sind leicht zu pflegen und bedanken sich bereits für wenig Fürsorge mit verschwenderischer Blütenfülle.

Richtig gießen

Pelargonien lieben die Sonne und nehmen es Ihnen nicht übel, wenn sie einmal ganz austrocknen. In den fleischigen Stengeln und Blättern können sie genügend Feuchtigkeit speichern. So überstehen sie auch in ihrer südlichen Heimat längere Trockenperioden ohne jeden Schaden. Nässe hingegen führt sehr schnell zu Wurzelfäulnis. Richtiges Gießen ist daher bei Pelargonien äußerst wichtig.

Mein Tip: Pelargonien in kleinen Gefäßen brauchen häufiger Wasser als Pflanzen in Blumenkästen.

Wann und wie oft gießen?
Faustregel: Gießen Sie erst, wenn die Erde wirklich ausgetrocknet ist – dann aber kräftig. Dazu genügt nicht immer nur der prüfende Blick auf die Erdoberfläche, sondern fühlen Sie auch einmal mit dem Finger, ob sich das Substrat noch feucht anfühlt. Ist dies der Fall, verzichten Sie lieber auf das Nachgießen.
An heißen Sommertagen wird die Erde schnell trocken, deshalb sollte täglich (bei kleinen Gefäßen unter Umständen sogar zweimal täglich) gegossen werden, und zwar am frühen Abend (und/oder am frühen Morgen), weil dann weniger Wasser verdunstet als zur heißen Tageszeit.
An kühlen, regnerischen Tagen sollten Sie die Pflanzerde genau prüfen und gegebenenfalls auf ein Nachgießen verzichten, da anhaltende Nässe bereits innerhalb von sechs Stunden zu Wurzelschäden führen kann.
An regnerischen Tagen ereignet sich nicht selten ein Gießmalheur: Pelargonien, die unter einem Vordach untergebracht sind, werden an regnerischen Tagen häufig »vergessen«. Man geht fälschlicherweise davon aus, daß die Pflanzen ja vom Regen benetzt werden, ohne ihren besonderen Standort zu bedenken. Überprüfen Sie also auch bei anhaltendem Regen die Erde Ihrer Pelargonien, und gießen Sie bei Bedarf.
Notsignale der Pelargonien, auf die Sie achten sollten: Stehende Pelargonien zeigen spätestens durch welke, schlaff herunterhängende Blätter, daß es höchste Zeit zum Gießen ist. Hängende Pelargonien bekommen bleiche, verdorrte – jedoch keine welken – Blätter.

Mein Tip: Denken Sie beim Gießen daran, daß bei Pelargonien viel Sonne, viel Wärme und relativ wenig Wasser die Blütenbildung anregen.

Welches Wasser?
Pelargonien sind unempfindlich gegenüber kalkhaltigem Wasser. Sie können deshalb Leitungswasser ebenso zum Gießen nehmen wie Regenwasser.
Ausnahme: Wenn Sie zur Grunddüngung einen Depotdünger genommen haben, dürfen Sie nur mit Leitungswasser gießen, denn bei Regenwasser tritt die Düngewirkung nicht ein.

Wie gießen?
Achten Sie darauf, daß das Gießwasser direkt auf die Erde kommt, ohne die Pelargonienblätter zu benetzen. Dies erfordert etwas Behutsamkeit, verhindert aber die Ausbreitung von Pilzkrankheiten auf den Blättern.

Edelpelargonie.
Die reinweiße Sorte »Virginia« besitzt besonders große Blütendolden.

Wasserversorgung im Urlaub

Nachbarn und Freunde sind oft bereit, die Gießarbeit während der Ferien zu übernehmen. Hinterlassen Sie ihnen genaue Hinweise für die richtige Pflege Ihrer Pelargonien am Fenster, auf dem Balkon oder auf der Terrasse. Sollten Sie niemanden haben, der hilfreich einspringt, so können Sie auf verschiedene automatische Bewässerungssysteme zurückgreifen:

Bewässerungssystem für kurzzeitige Abwesenheit: Bei kurzer Abwesenheit genügen aufgestellte Wasserbehälter, die über einen Wollfaden oder einen Docht mit dem Erdreich verbunden sind. Vor Ihrer Abwesenheit sollten Sie unbedingt ausprobieren, für welchen Zeitraum der Wasservorrat reicht. Außerdem habe ich festgestellt, daß die Wasserzufuhr nicht reguliert werden kann. Ein dicker Wollfaden leitet für Pelargonien zuviel Wasser ins Erdreich, wodurch sich anhaltende Nässe bildet und Schäden an den Wurzeln auftreten. Testen Sie also vor Ihrer Abreise, wie dick die Zuleitung sein muß, damit den Pflanzen die richtige Wassermenge zugeführt wird.

Eine Alternative sind die im Fachhandel erhältlichen Tonkegel, die in die Pflanzerde gesteckt werden. Die Tonkegel werden über eine Schnur, einen Faden oder Docht mit einem ausreichend großen Wasserbehälter verbunden. Da der Ton immer das Bestreben hat, eine gewisse Feuchtigkeit zu halten, saugt er über die Zuleitung Wasser an und gibt es an die Erde weiter.

Bewässerungssystem für längere Abwesenheit: Wollen Sie längere Zeit verreisen, kann die im Handel angebotene Tröpfchenbewässerungsanlage gute Dienste leisten. Sie ist auch als Bastelsatz zum Selbsteinbau erhältlich. Lassen Sie sich über Technik und Sicherheit dieser Anlage genau informieren, und überprüfen Sie vor Ihrer Abwesenheit den Funktionsablauf der Anlage, um unliebsame Überraschungen zu vermeiden.

Richtig nachdüngen

Beim Einpflanzen haben Sie eine Grunddüngung (→ Seite 15) vorgenommen, deren Nährstoffe nach ungefähr 6 Wochen aufgebraucht sind. Sie erkennen das daran, daß die Pflanzen nicht mehr so üppig blühen und die Blätter kleiner und gelblicher werden. Wenn Sie in diesem Stadium nichts unternehmen, werden Ihre Pelargonien bald verkümmern. Lassen Sie es nicht so weit kommen, und düngen Sie rechtzeitig nach!

Wann und wie nachdüngen?
Faustregel: Geben Sie regelmäßig einmal wöchentlich einen flüssigen Volldünger (→ Grunddüngung, Seite 15) ins Gießwasser, und Ihre Pelargonien werden sich prächtig entwickeln.
Die Dosierung des flüssigen Düngers ist einfach, Sie müssen sich nur an die Angaben auf der Packung halten. Beim flüssigen Nachdüngen sind somit Dosierungsfehler nahezu ausgeschlossen, und es entstehen keine Verbrennungsschäden an den Blättern durch übermäßiges Düngen.

Volldünger – immer richtig
In jedem Volldünger sind alle wichtigen Pflanzennährstoffe (Stickstoff, Phosphor und Kalium) und Spurenelemente enthalten (→ Grunddüngung, Seite 15). Welche Wirkung die einzelnen Nährstoffe auf die Pflanze haben, verdeutlicht die Tabelle.

Das bewirken die Hauptnährstoffe

Nährstoff	positive Wirkung	negative Wirkung bei Überdüngung	Vorkommen
Stickstoff (N)	fördert Wachstum aller grünen Pflanzenteile (Blätter, Stengel)	übergroße gemästete Blätter, Anfälligkeit gegenüber Krankheiten, nachlassende Blütenbildung, brüchiges Gewebe, Tendenz der Stecklinge zu faulen.	in Volldüngern, stickstoffhaltigen Spezialdüngern, Hornstoffen, Hornspänen, Blutmehl
Phosphor (P)	fördert Blüten- und Fruchtbildung	dunkel- bis blaugrünes Laub	in Volldüngern, Blühdüngern, Vogeldüngern, Knochenmehl
Kalium (K)	festigt das Gewebe, dient der Abhärtung und fördert Fruchtbildung	brüchiges Gewebe, leicht knickbare Blätter, kleine Früchte	in Volldüngern, kaliumhaltigen Spezialdüngern, Thomaskali

Ausbrechen verwelkter Blüten. Gegenläufig zu ihrer Wuchsrichtung am Knoten ausbrechen.

Die Pflanze nimmt die Nährstoffe nach dem Gesetz des Minimums auf, das heißt: Die Aufnahme aller Nährstoffe richtet sich nach dem Stoff, der am wenigsten vorhanden ist. So kann zum Beispiel eine hohe Düngegabe an Stickstoff nicht von der Pflanze aufgenommen werden, wenn Phosphor fehlt. Dies bedeutet für den Heimgärtner, daß alle Nährstoffe in einem ausgewogenen Verhältnis gegeben werden müssen – und hier ist ein Volldünger immer die richtige Mixtur.
Zum Nachdüngen sollten Sie für Pelargonien einen Volldünger mit höherem Phosphorgehalt wählen, weil er die Blühfreudigkeit erhöht. Im Fachhandel werden solche Volldünger mit höherem Phosphoranteil als »Blühdünger« angeboten. Geeignete Volldünger zum Nachdüngen gibt es auch unter dem Begriff »Spezialdünger«. Dies sind Dünger, die genau auf die Bedürfnisse jeweils einer Pflanzengattung oder -gruppe abgestimmt sind. Sie werden unter Bezeichnungen angeboten wie Rhododendrendünger, Erdbeerdünger, Rosendünger, Geraniendünger, Balkondünger. Letztere sind ideale Nachdüngemittel für Pelargonien.

Einzelnährstoff-Dünger bei Mangelerscheinungen
Im Gegensatz zu all diesen Varianten von Volldüngern gibt es auch Dünger mit nur einem Hauptnährstoff. Diese Dünger sollten Sie nur dann einsetzen, wenn Sie an Ihren Pelargonien Mangelerscheinungen feststellen, die eindeutig auf einen ganz speziellen Nährstoffmangel zurückgehen.

Weitere Pflegemaßnahmen

Neben Gießen und Düngen brauchen Pelargonien dann und wann eine ordnende Hand. Mit den ohnehin anfallenden Gießarbeiten lassen sich diese Maßnahmen ohne Mühe erledigen:
- Vertrocknetes oder gelbes Laub brechen Sie wie welke Blütenstengel am Knoten aus (→ Zeichnung). Dadurch verhindern Sie, daß sich an den Rückständen Krankheitserreger einnisten können, und die Pflanzen vermitteln einen gepflegten Eindruck.
- Langtriebe (treten bei Stehpelargonien auf und ragen weit über die Pflanze hinaus) werden abgeschnitten – eine Maßnahme, die der Pelargonie zu kompakterem Wuchs verhilft.
- Unkraut, das sich im Balkonkasten oder Blumentopf bemerkbar macht, sollte so früh wie möglich gejätet werden, damit den Pelargonien keine Nährstoffe entzogen werden.
- Überprüfen Sie Ihre Pflanzen von Zeit zu Zeit auf Krankheitsbefall oder Parasiten (→ Schädlinge, Seite 26). Drehen Sie dazu eine Blattunterseite nach oben und sehen Sie nach, ob Schädlinge vorhanden sind. Oft sind Läuse oder andere Schadinsekten auch an jüngeren, noch weichen Trieben zu finden.
- In längeren Regenperioden können Pelargonien ihre ganze Schönheit einbüßen. Schützen Sie sie deshalb mit Folienhauben (im Fachhandel erhältlich) vor Regen. Sie verhindern dadurch, daß die Wurzeln zu faulen beginnen und die Nährstoffe aus dem Erdreich ausgewaschen werden.

Pelargonien im Zimmer

Wie ihre Schwestern im Freien, brauchen Pelargonien, die im Zimmer gehalten werden können, nämlich Edel-, die Duft-, Wild- und Blattpelargonien, viel Licht. An einem hellen Fensterplatz mit Lüftungsmöglichkeit, am besten mit direkter Sonnenbestrahlung, fühlen sie sich besonders wohl. Blattpelargonien vertragen als einzige auch halbschattige Standorte; bei zuviel Schatten bildet sich jedoch ihre reizvolle Blattfärbung zurück, die Blätter vergrünen.
Trockene Zimmerluft schadet Pelargonien nicht, denn als ursprüngliche Wüstenbewohner sind sie Trockenheit gewohnt.
Im Sommer wissen sie alle einen regensicheren Platz im Freien sehr zu schätzen.
Gießen: Gießen Sie alle Pelargonien im Zimmer sparsam. Die Erde sollte nie ganz durchfeuchtet sein. Die Edelpelargonie reagiert besonders empfindlich auf zuviel Wasser. Bei zu nasser Erde bekommt sie gelbes Laub, und ihre Knospen sterben ab. Sollte das einmal passieren, dann halten Sie ihre Erde trockener, und nach kurzer Zeit wird sie sich wieder erholt haben.

Pelargonium odoratissimum

White Unique (Hybride)

Pelargonium tomentosum

Pelargonium quercifolium

Joy Lucile (Hybride)

Pelargonium viscosissimum

Pelargonium graveolens

Pelargonium radens

Pelargonium glutinosum

Nachdüngen: Edel- und Blattpelargonien erhalten einmal wöchentlich einen flüssigen Volldünger mit erhöhtem Phosphoranteil (zum Beispiel einen sogenannten Blüh-, Balkon- oder Blumendünger). Bei der Dosierung sollten Sie sich genau an die Angaben auf der Packung halten.
Duftpelargonien sind meist reine Wildformen und dürfen deshalb nur spärlich gedüngt werden. Auch sie erhalten einen flüssigen Volldünger mit erhöhtem Phosphoranteil, jedoch nur alle 14 Tage die Hälfte der auf der Düngerpackung angegebenen Dosierung. Bei zu starker Düngung verlieren diese zierlichen Pflanzen ihre ursprüngliche Gestalt, und ihre Blätter und Triebe werden unnatürlich groß.
Stellen Sie vor Beginn der Winterruhe (bei Blattpelargonien im September, bei Edel- und Duftpelargonien im Januar, → Seite 31) das Düngen ein, damit die Pflanzen zur Ruhe kommen, und verabreichen Sie erst ab März wieder Düngergaben.
Blüten und altes Laub sollten Sie ausbrechen oder absammeln wie bei den Pelargonien im Freien (→ Zeichnung, Seite 23).
Umtopfen: Vor allem die Edelpelargonie kann sich zu einem starken Busch entwickeln, der jedes Jahr einen größeren Topf braucht.
• Der richtige Zeitpunkt zum Umtopfen liegt vor Beginn einer neuen Vegetationsperiode (etwa im März/April) oder nach der ersten Blühphase (etwa im Juli/August).

Duft- und Wildpelargonien-Blätter. Formenreich, wunderschön – und meist wohlriechend, wenn bei Berührung die feinen Dufthärchen abbrechen.

• Dazu nehmen Sie am besten einen neuen Tontopf, den Sie vorher gut wässern (→ Seite 17). Der neue Topf sollte immer etwa 2 cm größer sein als der alte Topf.
• Als Pflanzerde verwenden Sie am besten Einheitserde, die Sie mit etwas Sand vermengen, damit das Substrat gut wasserdurchlässig ist.
• Wenn Sie Einheitserde verwenden, müssen Sie keinen Grunddünger hinzugeben, denn diese Erde ist bereits gedüngt. Anders verhält es sich mit einfachen Handelserden; mischen Sie hier einen festen, organisch-mineralischen Volldünger bei (→ Grunddüngung, Seite 15).
Wuchskorrektur: Stark wachsende Pelargonien müssen hie und da gestutzt werden (→ Zeichnung, Seite 30). Schneiden Sie mit einem scharfen Messer oder einer Schere die Kopftriebe der Pelargonie ab. In den verbleibenden Blattachseln sitzen schlafende Knospen, die sich nun zu neuen Trieben entwickeln. Durch diesen Eingriff erzielen Sie eine Verzweigung der Pflanze und einen kompakteren Wuchs. Die abgeschnittenen Kopfstecklinge können Sie leicht zum Bewurzeln bringen (→ Vermehrung, Seite 35).
Vorbeugung gegen Schädlingsbefall: Pelargonien, die im Zimmer gehalten werden, können gelegentlich von der Weißen Fliege oder der Roten Spinne (→ Krankheiten, Seite 26 und 27) befallen werden. Stecken Sie vorbeugend ein Stäbchen gegen Schädlingsbefall in jeden einzelnen Topf. Weitere Schädlinge oder Krankheiten sind bei Pelargonien im Zimmer nur selten zu erwarten.
Vorbeugung gegen Pilzerkrankungen: Pflanzen nicht zu dicht nebeneinanderstellen und viel lüften. Beim Gießen Blätter nicht benetzen. Mit Stickstoffdüngern sparsam umgehen. Zum Rückschnitt desinfiziertes Werkzeug benutzen, um Übertragung von Erregern zu vermeiden.

Geranien im Garten

Gießen: Normalerweise müssen Staudengeranien im Garten nicht gegossen werden. Die Pflanzen haben ein weitverzweigtes Wurzelsystem, das genug Feuchtigkeit aus tieferen Erdschichten ziehen kann. Bei langanhaltender Trockenheit und/oder sandigen Böden können jedoch die Blätter der Staudengeranie zu welken beginnen. Dann sollten Sie gießen.
Nachdüngen: Haben Sie ältere Staudengeranien, dann streuen Sie im Frühjahr (ab März/April, wenn sie wieder zu treiben begonnen haben) eine Handvoll Biodünger um die Pflanze und harken Sie ihn leicht in das Erdreich ein. Einen anorganischen Dünger müssen Sie nicht hinzufügen, da im Gartenboden meist genügend Mineralien vorhanden sind. Diese einmalige Nachdüngung genügt für den ganzen Sommer.
Unkraut entfernen: Sobald sich Unkraut um die Staudengeranien breitzumachen beginnt, muß es entfernt werden, damit es den Pflanzen nicht zuviel Nahrung nimmt. Kleines Unkraut läßt sich mit der Hand herausziehen, größeres mit längeren Wurzeln kann beim Hacken beseitigt werden.
Lüften: Ein- bis zweimal im Sommer sollten Sie die Erdoberfläche zwischen den Staudengeranien häckeln, um die Erde zu lüften. Bei diesem Arbeitsgang läßt sich gleichzeitig Unkraut entfernen.
Halterungen/Windschutz anbringen: An windigen Stellen können höhere Geranien während der Blütezeit leicht umkippen. Einen sicheren Halt gewähren die im Handel erhältlichen Staudenhalterungen, die ich auch für andere größere Stauden empfehlen kann.
Schädlingsbefall ist nicht zu erwarten, da Staudengeranien sehr widerstandsfähig sind.

Pflegefehler, Schädlinge und Krankheiten

Pelargonien und Geranien werden verhältnismäßig selten von Schadinsekten oder Krankheiten befallen.

Pelargonien auf Balkon und Terrasse

Durch fachgerechte Behandlung erhalten Sie die Widerstandskraft von gesunden Pflanzen. Entfernen Sie mit den Gießarbeiten braunes, vertrocknetes Laub und alte Blütenstengel, um Fäulnis zu vermeiden. Kontrollieren Sie hin und wieder die Pelargonien auf Schädlingsbefall. Läuse und andere Schädlinge sitzen oft auf Blattunterseiten oder an jungen, weichen Trieben. Die Bekämpfung von Blattläusen (→ Tierische Schädlinge) ist besonders wichtig, da sie die gefährliche Pelargonienwelke (→ Bakterielle Erkrankungen), eine Bakterienerkrankung, übertragen.

Pelargonien im Zimmer

Zimmerpelargonien sind sehr robust. Gelegentlich können sie von der Roten Spinne, von Blattläusen und der Weißen Fliege (→ Tierische Schädlinge) befallen werden. Bei starkem Befall sollten Sie ein Pflanzenschutzmittel verwenden. Ich empfehle Ihnen Pyrethrum-Extrakte, da diese Insektizide aus natürlichen Grundsubstanzen hergestellt werden. Am besten wählen Sie zum Spritzen die Abendstunden oder bedeckte Tage, weil dann die Wirkstoffe nicht so schnell verdunsten.

Mein Tip: Wenn Sie die Pflanzen behandeln, stellen Sie sie ins Freie, damit die Spritzmitteldämpfe nicht in Ihre Wohnung gelangen.

Geranien im Garten

Sie werden wie viele Stauden in nassen Jahren leicht vom Rost (→ Pilzliche Erkrankungen) befallen.

Pflegefehler

Korksucht (→ Zeichnung ①)
Schadbild: Korkartige Wucherungen auf der Blattunterseite. Tritt nur bei Hängepelargonien auf. Begünstigend wirkt gleichzeitig eine hohe Luftfeuchtigkeit. Durch zu unterschiedliche Wassergaben platzen die Pflanzenzellen auf und verwachsen zu korkartigen Wucherungen.

Pflegefehler.
① Korksucht
② Staunässe oder Salzschaden
③ Zu tiefe Temperaturen

Vorbeugung: Regelmäßig, aber nicht zu stark gießen. Große Unterschiede beim Gießen vermeiden, das heißt nicht einmal zu viel und das andere Mal zu wenig Wasser geben.
Behandlung: Ist nicht möglich. Die Korksucht beeinträchtigt jedoch das Gedeihen der Pelargonien meist nicht sehr.

Staunässe oder Salzschaden durch Überdüngung (→ Zeichnung ②)
Schadbild: Welkes, blaugrünes Laub und oft braune, angefaulte Wurzelspitzen.
Vorbeugung: Unbedingt Abflußlöcher in den Pflanzgefäßen anbringen, maßvoll gießen, eventuell Pflanzen vor starkem Regen schützen.
Oder: Düngegaben reduzieren.
Behandlung: Wenn die Pflanze noch nicht zu stark betroffen ist, hilft rasches Umtopfen. Alte Erde durch Ausschütteln entfernen, die Wurzelspitzen etwas mit der Schere einkürzen und die Pelargonie in neues Substrat einsetzen.

Zu tiefe Temperaturen (→ Zeichnung ③)
Schadbild: Gelbliches Laub mit roten Blatträndern, vor allem an älteren Blättern.
Vorbeugung: Pelargonien nicht unter 4° C halten.
Behandlung: Temperatur und Düngegaben erhöhen. Die Verfärbungen verlieren sich bei höherer Temperatur wieder.

Tierische Schädlinge

Rote Spinne (→ Zeichnung ①)
Schadbild: Die Blätter vergilben, zwischen den Blattadern und Stengeln befinden sich feine Gespinste mit winzigen rötlichen Milben.
Vorbeugung: Ausgewogene Pflege (→ Seite 20), weil sie die Pflanzen widerstandsfähig erhält. Trockene, warme Zimmerluft vermeiden.
Bekämpfung: Starke Insektizide; bei sehr starkem Befall ist Behandlung oft nicht mehr aussichtsreich.

Blattläuse (→ Zeichnung ②)
Schadbild: Die Schädlinge sind mit bloßem Auge gut erkennbar; sie sitzen oft auf der Blattunterseite oder an Jungtrieben. Die jungen

Schädlinge.
① *Rote Spinne*
② *Blattläuse*
③ *Weiße Fliege*

Blättchen wachsen verkrüppelt; auf den Blättern sind helle Saugstellen erkennbar.
Vorbeugung: Ausgewogene Pflege (→ Seite 20), weil sie die Widerstandskraft der Pflanzen erhält. Trokkene, warme Zimmerluft vermeiden. Nährstoffe (also Dünger) nicht im Übermaß geben, vor allem nicht zu viel Stickstoff; er macht die Pflanzenzellen schwammig und unnatürlich groß, so daß sie leicht aufplatzen. Hier nisten sich gern Erreger ein.
Bekämpfung: Biologische Mittel sind wirksam; Brennesselpräparate helfen bei mehrmaliger Anwendung. Ansonsten: Handelsübliche Insektizide.

Weiße Fliege (Mottenschildlaus) (→ Zeichnung ③)
Schadbild: Blätter vergilben und kümmern. Bei Berührung schwirren kleine, weiße Insekten hoch. Befall vor allem bei Edelpelargonien.
Vorbeugung: Siehe Blattläuse → Seite 26.
Bekämpfung: Mit sogenannten Klebefallen, die mit Signalfarbe Fluginsekten anlocken. Oder: Handelsübliche Insektizide.

Pilzliche Erkrankungen

Pelargonienrost (→ Zeichnung ①)
Schadbild: Blattunterseite mit ringförmigen Sporenlagern übersät, die bei Berührung stäuben. Hellgelbe runde Flecken auf Blattoberseite.
Vorbeugung: Häufiges Lüften, darauf achten, daß Blätter nicht naß werden (zum Beispiel beim Gießen oder durch Regen).
Bekämpfung: Mit Saprol spritzen.

Stengelfäule (→ Zeichnung ②)
Schadbild: Schwarzfärbung und Fäulnis des Stengels vom Wurzelhals an nach oben wandernd.
Vorbeugung: Staunässe vermeiden. Temperaturen nicht unter 15° C.
Bekämpfung: Spritzen mit Fungiziden (zum Beispiel mit Saprol).

Grauschimmel (→ Zeichnung ③)
Schadbild: Grauer Schimmelrasen auf faulenden Blättern.
Vorbeugung: Viel Lüften und Pflanzen nicht zu dicht stellen. Blätter dürfen über Nacht nicht benetzt werden, lieber morgens gießen.
Bekämpfung: Spritzen mit Fungiziden (zum Beispiel mit Botrysan).

Pilzliche Erkrankungen.
① *Pelargonienrost*
② *Stengelfäule*
③ *Grauschimmel*

Bakterielle Erkrankung

Pelargonienwelke
Schadbild: 1. Phase: Pünktchenförmige helle Stellen, die rasch größer werden und schwarz-braune Blattflecken bilden. Vergilben und rasches Verwelken gesunder Blätter (→ Zeichnung ①). 2. Phase: Brauner Bakterienschleim, der austritt, wenn man befallene Blattstiele knickt (→ Zeichnung ②). 3. Phase: Schwärzliche Trockenfäule am Stengelgrund (→ Zeichnung ③).

Bakterielle Erkrankung.
Pelargonienwelke
① *Erste Phase*
② *Zweite Phase*
③ *Dritte Phase*

Vorbeugung: Beim Kauf darauf achten, daß Pflanzen gesund sind. Die Bakterien können durch Schadinsekten (zum Beispiel Blattläuse), durch Wasser (zum Beispiel beim Gießen) oder durch Berührung (zum Beispiel über Werkzeuge oder Pflanzgefäße) übertragen werden. Werkzeuge und gebrauchte Pflanzgefäße, die mit befallenen Pelargonien in Berührung gekommen sind, vor erneuter Verwendung reinigen und desinfizieren.
Bekämpfung: Nicht möglich. Befallene Pflanzen vernichten.

So ist Überwintern kein Problem

Pelargonien, die Sie im Sommer auf Balkon und Terrasse pflegen, werden anders überwintert als Pelargonien, die im Raum blühen und schon ganz anders als Staudengeranien. Jede Gruppe stellt ihre eigenen Ansprüche, die Sie im folgenden Schritt für Schritt erfahren können. Wer einmal versucht hat, seine Pelargonien und Geranien über den Winter zu bringen, wird überrascht sein, wie einfach es ist.

Pelargonien auf Balkon und Terrasse

Mit Recht fällt es so manchem schwer, sich von seinen Pelargonien, die bis zum Herbst wahre Blütenkaskaden entwickelt haben, im Spätherbst zu trennen. Und das müssen Sie auch nicht, denn das Überwintern von Pelargonien ist wirklich keine aufwendige Sache – vorausgesetzt, Sie haben den geeigneten Raum zur Vefügung. Vorteile dieses Verfahrens: Richtig überwinterte Pflanzen blühen im nächsten Jahr meist noch üppiger (→ Foto, Seite 5) – und Sie sparen die Kosten für neue Pelargonien.

Mein Tip: Wenn Sie aus Platzgründen Pelargonien nicht auf die traditionelle Weise überwintern können, empfehle ich Ihnen die raumsparenden Überwinterungsmethoden (→ Seite 30) oder im Herbst von Ihren Pelargonien, bevor Sie sich von ihnen trennen, Kopfstecklinge (→ Vermehrung, Seite 35) abzuschneiden und als Generation fürs nächste Jahr zur Bewurzelung zu bringen.

Bei welchen Pflanzen lohnt sich die Überwinterung?

- Überwintern Sie nur kerngesunde und schädlingsfreie Pflanzen. Überprüfen Sie deshalb, bevor Sie irgendwelche Vorbereitungen treffen, den Gesundheitszustand Ihrer Pelargonien. Schauen Sie sich dazu die Blattober- und -unterseite an. Die Schadbilder auf Seite 26/27 helfen Ihnen, Schädlinge und Krankheiten zu erkennen. Pelargonien, die Anzeichen bakterieller Krankheiten (→ Seite 27) zeigen, müssen Sie vernichten, damit sie andere Pflanzen nicht anstecken.
- Sie können sowohl stehende wie hängende Pelargonien überwintern. Allerdings sind lang herunterwachsende Hängepelargonien sperrig und erfordern beim Transport wie bei der Aufbewahrung einen größeren Aufwand.
- Pelargonien in Einzeltöpfen sind besonders günstig zu überwintern: Die Pflanzen sind leichter zu transportieren und unterzubringen als in langen Balkonkästen. Und wenn sie im Frühjahr neu zu treiben beginnen, müssen sie nur auseinandergerückt werden, damit sie genügend Platz und Licht für ein ungestörtes Wachstum erhalten. Ein schöner, kompakter Wuchs ist die Folge dieser Überwinterung.
- Pelargonien können selbstverständlich auch im Balkonkasten überwintert werden. Häufig sind sie mit anderen Pflanzen kombiniert. Achtung: Einjährige Beipflanzen (zum Beispiel Lobelien oder Petunien) sind fürs Überwintern nicht geeignet; sie müssen herausgenommen werden. Margeriten und Fuchsien hingegen können Sie wie die Pelargonien über den Winter bringen. Diese strauchartigen Gewächse sind in ihrer subtropischen Heimat wie die Pelargonien mehrjährig und müssen in unserem Klima vor Frost geschützt werden.

So sieht der geeignete Überwinterungsraum aus

Faustregel: Zur Überwinterung geeignet sind helle Räume, die frostfrei, aber nicht zu warm sind.
Am besten geeignet ist ein Kleingewächshaus. Aber auch helle Dachkammern, helle Keller oder Garagen mit genügend Tageslicht sind gute Winterquartiere für Pelargonien. Völlig ungeeignet sind warme Keller, Heizräume oder dunkle Räume. Pelargonien, die im Kleingewächshaus überwintert wurden, blühen bereits ab Mitte April wunderschön, denn sie haben sehr viel Licht und die richtige kühle Temperatur erhalten. Bei Pflanzen hingegen, die in Räumen mit weniger Licht überwintert wurden, setzen die ersten Blüten etwas später ein. Aber keine Bange: Nach 6 Wochen Aufenthalt im Freien ist dieser Blühvorsprung eingeholt, und Sie sehen es keiner Pelargonie mehr an, ob sie im Gewächshaus oder auf der Fensterbank überwintert wurde.
Geben Sie Ihren Pelargonien während der ganzen Überwinterung

soviel Licht wie nur möglich, am besten bringen Sie sie in Fensternähe unter.

Mein Tip: Wenn Ihnen für mehrere Pelargonien nur ein Fenster zur Verfügung steht, empfiehlt es sich, eine zusammenklappbare Blumentreppe aus verzinktem Stahlrohr (im Fachhandel erhältlich) an das Fenster zu stellen. Diese Treppe hat fünf Stufen und bietet fünf bepflanzten Blumenkästen oder zahlreichen Pelargonien in Töpfen Platz und Licht.

ABC der Überwinterung

Vorbereitungsmaßnahmen
Die richtige Überwinterung beginnt schon mit ersten Vorbereitungsmaßnahmen im August: Düngen Sie ab da weniger. Die Pelargonien werden durch die eingeschränkten Nährstoffgaben langsam an die kommende Ruheperiode gewöhnt und treiben nicht mehr neu aus. Untersuchen Sie die Pelargonien, ob sie gesund und für eine Überwinterung geeignet sind. Ist dies der Fall, dann heißt es zu überlegen, wo der optimale Überwinterungsplatz ist.

Schutz vor Nachtfrösten
Im September kann es bereits zu ersten Nachtfrösten kommen. Da Pelargonien keine Minusgrade vertragen, sollten sie in einer solchen Nacht an einen frostsicheren Platz – zum Beispiel an ihren künftigen Überwinterungsplatz – gebracht werden. Ob Sie die Pelargonien nun dort belassen oder tagsüber wieder zurück in die warme Herbstsonne bringen, bleibt Ihnen überlassen. Achten Sie jedoch ab September verstärkt auf die Warnungen des Wetterberichts vor Nachtfrösten!

Edelpelargonien waren bereits zu Großmutters Zeiten beliebt.

Pflege vor der Winterruhe
Wenn die Pflanzen endgültig in ihrem kühlen, hellen Winterquartier sind, müssen sie gründlich durchgeputzt werden. Blüten und verwelktes Laub brechen Sie mit der Hand heraus (→ Zeichnung, Seite 23). Beim Überwintern von Hängepelargonien tun Sie sich leichter, wenn Sie sie mit der Schere etwas einkürzen. Das schadet den Pflanzen nicht.

Ruhepause
Die Pelargonien treten nun bei weniger Sonnenlicht und kühleren Temperaturen in eine Art Schlafzustand, in dem sie bis Februar bleiben. Dann werden die Tage wieder spürbar länger, und eine neue Wachstumsperiode beginnt.

Pflege während der Ruhepause
Die optimale Überwinterungstemperatur liegt bei 4 bis 10°C. Pelargonien können für kurze Zeit auch Temperaturen von 2 bis 3°C vertragen. Wenn dies für längere Zeit der Fall ist, verfärbt sich ihr Laub rötlich (→ Pflegefehler, Seite 26), was sich aber bei ansteigenden Temperaturen wieder verliert. Auf keinen Fall dürfen die Temperaturen unter 0°C sinken.

- In dieser Zeit nur wenig gießen (etwa alle 14 Tage)! Da die Pelargonien weniger Sonnenlicht als im Sommer erhalten, brauchen sie auch weniger Wasser. Wenn Sie zuviel gießen, bilden sich lange, schwächliche Triebe, die anfällig für Krankheiten sind und leicht brechen.

Rückschnitt nach Überwinterung. *Messer 3 bis 4 Knoten über den verholzten braunen Stengeln ansetzen.*

- Das Düngen einstellen, die Pflanzen sollen zur Ruhe kommen.
- Brechen Sie gelegentlich trockenes Laub und alte Blütenstengel aus (→ Zeichnung, Seite 23).
- Überprüfen Sie von Zeit zu Zeit, ob Schädlinge oder Krankheiten aufgetreten sind. Spritzen Sie die Pelargonien bei Befall mit handelsüblichen Präparaten.

Rückschnitt nach der Winterruhe
Von Januar bis spätestens Ende Februar reicht der Zeitraum, in dem Sie die überwinterten Pelargonien zurückschneiden sollten (→ Zeichnung). Die richtige Schnittstelle ist immer an einem grünen Stengel. Setzen Sie die Schere so an, daß 3 bis 4 Knoten am grünen Stengel stehenbleiben. In den Knoten sitzen sogenannte »schlafende Augen«, aus denen sich nach dem Schnitt die neuen Triebe bilden.
Wichtig: Schneiden Sie nie bis in die verholzten braunen Stengel hinein, denn dort treiben die Pflanzen nur noch schwer aus.

Umtopfen in neue Erde
Es empfiehlt sich – spätestens nach der 3. Überwinterung – die Pelargonien in neue Pflanzerde zu setzen. Lösen Sie die Pflanzen dazu vorsichtig mit dem ganzen Wurzelballen aus den Überwinterungsgefäßen und entfernen Sie vom Ballen soviel Erde wie möglich ist, ohne daß die Wurzeln in Mitleidenschaft gezogen werden. Pflanzen Sie dann die Pelargonien in Einheitserde (→ Einpflanzen, Seite 12).

Die neue Wachstumsperiode

Im Frühling werden die Tage länger und mit steigendem Lichtangebot wärmer. Die Pelargonie reagiert darauf mit vermehrter Bildung neuer Triebe und Blätter.

Schnitt-Ansatzmöglichkeiten. *R: Rückschnitt nach Überwinterung; S: Stutzen; E: Entspitzen.*

Einige Pflegemaßnahmen sind nun nötig, um die Pelargonien für den Aufenthalt im Freien vorzubereiten:
- Gießen Sie ab Februar zunehmend öfter.
- Fügen Sie dem Gießwasser alle 8 Tage einen Wuchsdünger (Dünger mit höherem Stickstoffanteil) bei.
- Sorgen Sie bei einzeln getopften Pelargonien dafür, daß sie nicht zu eng nebeneinander stehen. Ihre Blattspitzen sollen sich nicht berühren, damit sich die Pflanzen kräftig entwickeln können.
- Lüften Sie den Raum häufig, in dem die Pelargonien untergebracht sind, das härtet sie ab.
- Reichverzweigte Pelargonien bekommen Sie, wenn Sie die Pflanzen entspitzen oder stutzen.

Entspitzen (auch Pinzieren) heißt: Man zwickt mit den Fingernägeln den oberen, noch weichen Trieb ab (→ Zeichnung, Seite 31). Dadurch verlagert sich der Wachstumsanreiz auf die darunterliegenden Knospen, die bald auszutreiben beginnen. Stutzen bezeichnet man das Abschneiden einer längeren Triebspitze. Diese Triebspitze kann auch als »Kopfsteckling« (→ Vermehrung, Seite 35) verwendet werden.

Mein Tip: Langsam wachsende Pelargonien sollten Sie entspitzen. Schnellwachsende Sorten, wie zum Beispiel die hängenden Cascade-Sorten, werden eher durch Stutzen in einem einseitig langen Wachstum gebremst und somit verzweigt.

Ende der Winterpause: Nach den »Eisheiligen« kommen die Pelargonien wieder ins Freie.

Raumsparend überwintern

2 wenig bekannte Methoden von Hobbygärtnern, die aber nicht jede Pelargonie überlebt.

Überwintern im Beutel
- Die Pelargonien gut angießen.
- Dann jede Pflanze auf etwa 15 cm Höhe zurückschneiden.
- Jede Pflanze mit dem Wurzelballen und der umgebenden Erde vorsichtig aus dem Pflanzgefäß nehmen und einzeln in einen Plastikbeutel geben. Gefrierbeutel sind besonders geeignet, weil sie fest im Material sind.
- Den Plastikbeutel gut zubinden, damit keine Feuchtigkeit entwei-

chen kann. Die Pelargonien sind so vor dem Austrocknen geschützt.

- In leeren Blumenkästen (auf 1 m Länge passen 7 bis 10 Pflanzen) unterbringen oder an eine in Fensternähe gespannte Leine hängen.
- Gelegentlich die Feuchtigkeit überprüfen, bei Bedarf nachgießen.
- Die Pelargonien ab März wieder in Gefäße pflanzen.
- Überwinterungstemperatur: 6 bis 10°C und viel Licht!

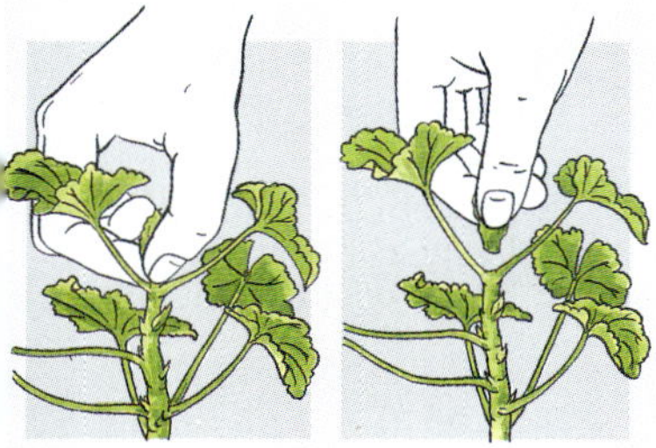

Entspitzen.
Mit Fingern obersten Trieb abknipsen.

Überwintern im Paket

- Abgestorbene Blüten und Blätter entfernen und die Pelargonien aus ihren Gefäßen nehmen.
- Blätter und Stengel sollen trokken, die Erde an den Wurzeln nur mäßig feucht sein.
- Die Erde leicht von den Wurzeln schütteln, nicht alles entfernen!
- Jede Pelargonie einzeln (mit Wurzeln, Blättern, Blüten) in Zeitungspapier einrollen.
- Die Pflanzenpakete in eine Kiste geschichtet frostfrei im Keller überwintern.
- Anfang Februar aus dem Winterquartier holen und die Triebe zurückschneiden (→ Zeichnung, Seite 30).
- Die überwinterten Pelargonien neu in Einheitserde einpflanzen und in einen warmen Raum stellen.
- Sobald sich Neutriebe zeigen, soviel Licht wie möglich geben!

Pelargonien im Zimmer

Überwintern im warmen Raum

Pelargonien kennen in ihrer subtropischen Heimat keine Ruhezeit, sie können das ganze Jahr über blühen. Deshalb bringen sie auch am Fenster eines temperierten Zimmers im Winter einzelne Blüten hervor. Werden Pelargonien den Winter über im warmen Zimmer gehalten, müssen sie regelmäßig gedüngt und gegossen werden (→ Pflege, Seite 23). Überwintern Sie doch einige Ihrer Duftpelargonien in der warmen Stube und erfreuen Sie sich an ihren filigranen Blättern und zierlichen Blüten. Ganz gratis bekommen Sie einen Hauch Pfefferminz- oder Rosenduft vom Sommer mitgeliefert.

Überwinterungsmethoden für eine reiche Blütenbildung

Wenn Sie Ihre Pelargonien im Zimmer zu einer besonders reichen Blütenbildung anspornen möchten, dann empfehlen sich die folgenden Methoden:

Blattpelargonien
Sie werden überwintert wie die Pelargonien auf Balkon und Terrasse (→ Seite 28).

Duft- und Wildpelargonien
Bis Januar am Fenster im warmen Zimmer halten, dann in einen hellen, kühlen Raum stellen mit einer optimalen Zimmertemperatur von 5°C. 4 bis 6 Wochen auf diese Weise kühl halten, in dieser Zeit weder gießen noch düngen. Es genügt, wenn das Laub öfter feucht besprüht wird. Damit geben Sie den Pelargonien den Morgentau, wie er in ihrer Heimat vorkommt. Während der Kühlperiode bilden die Pflanzen die Blütenanlagen.

- Nach 4 bis 6 Wochen die Pelargonien wieder ins warme Zimmer ans Fenster stellen, aber noch nicht gießen, sondern weiter besprühen.
- Ab März vorsichtig und sehr sparsam zu gießen und düngen beginnen. Geben Sie einen Flüssigdünger ins Gießwasser, jedoch nur die Hälfte der auf der Packung angegebenen Menge.
- Ab Mai die normale Pflege aufnehmen (→ Pflege, Seite 23).

Edelpelargonien
Sie benötigen eine Kühlperiode wie die Duft- und Wildpelargonien von 4 bis 6 Wochen. In dieser Zeit werden sie sehr sparsam gegossen.
Ab März reichlicher gießen und wöchentlich eine normale Dosis Flüssigdünger ins Gießwasser geben.

Geranien im Garten

Jedes Jahr im Spätherbst sterben die oberirdischen Pflanzenteile ab, und die Pflanze treibt im Frühling wieder neu aus.
Schneiden Sie im November die braun gewordenen Blätter und Triebe etwa 20cm über dem Boden ab. Achten Sie darauf, daß Sie die oberirdischen Pflanzenteile nicht bis zum Boden hinunter abschneiden, damit keine Bodennässe durch die offenen Schnittstellen ins Wurzelherz gelangt und Fäulnis entsteht. Diese Schnittregel gilt für alle Gartenstauden. Mehr Pflege müssen Sie der unempfindlichen Geranie nicht zuteil werden lassen. Ein Winterschutz ist nicht nötig.
Ab März/April beginnt die Staudengeranie erneut zu treiben. Wenn der Austrieb etwa 5 bis 10 cm hoch ist, streuen Sie 1 Handvoll Biodünger um die Pflanze. Arbeiten Sie dann den Dünger in die Erde ein, damit er sich besser auflöst.

Vermehrung – leicht gemacht

Immer noch wird wenig Gebrauch davon gemacht, Pelargonien und Geranien aus Samen selbst zu ziehen. Welche Pflanzen sich dafür eignen, und wie es geht, zeigt dieses Kapitel Schritt für Schritt. Noch einfacher ist die Vermehrung über Kopfstecklinge, ein Verfahren, das ähnlich wie die Überwinterung, den Kauf neuer Pflanzen im nächsten Jahr erübrigt. Und: Ein schöner Versuch, Leben in Pflanzen zu erfahren.

Pelargonien auf Balkon und Terrasse

Der richtige Zeitpunkt

Pelargonien kann man über Stecklinge (vegetativ) oder durch Aussaat (generativ) vermehren. Die Vermehrung durch Stecklinge ist bei allen Pelargonien möglich, die Aussaat jedoch nur bei den sogenannten F_1-Hybriden (→ Mein Tip, Seite 8), bei Wildpelargonien und Staudengeranien. Beide Vermehrungsarten sind das ganze Jahr über möglich.
Wenn Sie jedoch bis zu den »Eisheiligen« (also bis Mitte Mai) fertige Pelargonien mit einigen offenen Blüten und vielen Knospen haben wollen, müssen Sie die folgenden Vermehrungs-Termine beachten:
Vermehrung durch Aussaat: Samen ab Mitte Dezember bis spätestens Ende Januar aussäen. (→ Methode, diese Seite).
Stecklingsvermehrung: Stecklinge ab August bis spätestens Mitte März abnehmen und einpflanzen (→ Methode, Seite 35).

Vermehrung durch Aussaat

Bei den beiden Methoden des Aussäens (in Torfquelltöpfe oder in Aussaaterde) ergeben sich unterschiedliche Pflegemaßnahmen. Keimerfolg und Wachstum der Jungpflanzen sind bei beiden Methoden jedoch gleich.

Erste Methode – Aussaat in Torfquelltöpfe
Das brauchen Sie:
- Minitreibhaus fürs Zimmer mit durchsichtiger Abdeckhaube (im Fachhandel je nach Größe bereits ab DM 3,– erhältlich) oder: Plastikschale mit lichtdurchlässiger Plastikhaube oder Glasplatte.
- Torfquelltöpfe (im Fachhandel in Packungen zu 30 oder 100 Stück erhältlich).
- Pelargonien-Samen.
- Aussaat-Erde (keimfreie Spezialerde für Samen und Stecklinge; im Fachhandel erhältlich).
- Plastik- oder Tontöpfe mit 11 cm Durchmesser.
- Einheitserde.

So wird's gemacht
- Die trockenen, tablettenförmigen Torfquelltöpfe in die Plastikschale des Minitreibhauses legen und vorsichtig mit lauwarmem Wasser begießen (→ Zeichnung, Seite 34).
- In ganz kurzer Zeit quellen die Torftabletten zur Form eines »Mohrenkopfes« auf. Handwarmes Wasser nachgießen, bis sie ganz vollgesogen sind. Überschüssiges Wasser wieder auskippen.
- Auf jeden Torfquelltopf ein Samenkorn geben und mit dem Finger etwa 1 cm tief in die Erde eindrücken und sie darüber schließen.
- Die Plastikschale mit der Aussaat an einen hellen, warmen Platz stellen; optimal: ein Standort am Fensterbrett über einem Heizkörper.
- Nun die Plastikhaube (oder Glasplatte) auf die Anzuchtschale legen. Durch die Abdeckung soll die feuchtwarme Luft eines Brutkastens erreicht werden, denn die Samenkörner brauchen eine Keimtemperatur von 18 bis 20°C.

Entwicklungsphasen und Pflege
Wenige Tage nach der Aussaat können Sie bereits die ersten zarten Blättchen aus der Erde spitzen sehen.
In den ersten 14 Tagen nach der Aussaat müssen Sie die kleinen Pflänzchen gut umsorgen, denn sie sind sehr zart und können leicht Schaden nehmen:
- Wenn sich an der Abdeckhaube Kondenswasser bildet, müssen Sie lüften, um einem Befall von Schimmelpilzen vorzubeugen. Viele Minitreibhäuser besitzen Lüftungsschlitze, die geöffnet und geschlossen werden können. Wenn Sie diese Möglichkeit nicht haben, so klemmen Sie einfach einen kleinen Stab zwischen Plastikschale und Abdeckhaube (→ Zeichnung, Seite 34). Lüften Sie bei Bedarf etwa 1 bis 2 Stunden am Tag auf diese Weise.

Die halbhängende Pelargonie »Schöne von Grenchen« entfaltet auch im Halbschatten leuchtend rote Blüten.

- Bei starker Sonneneinstrahlung empfiehlt es sich, Papier auf die Abdeckhaube zu legen, um die Pelargoniensämlinge vor Verbrennungen zu schützen.
- Überprüfen Sie mit den Fingern, ob die Torfquelltöpfe noch gut feucht sind. Vermutlich müssen Sie hin und wieder ein wenig handwarmes Wasser nachgießen.

3 Wochen nach der Aussaat sind die Pelargonien bereits einige Zentimeter groß. Härten Sie nun die Jungpflanzen ab, indem Sie die Abdeckung entfernen.

In den folgenden Wochen werden die Pelargonien schnell größer. Wenn sich ihre Blattspitzen berühren, müssen Sie die Torfquelltöpfe auseinanderrücken, damit die Pflanzen ungehindert weiterwachsen können.

5 Wochen nach der Aussaat sollte die Temperatur auf 16°C gesenkt werden (am besten also die Pelargonien in einen hellen, kühlen Raum stellen!), damit die Pflanzen weiter abgehärtet werden.

Etwa 10 Wochen nach der Aussaat können Sie überall aus den Torfquelltöpfen die weißen Wurzeln herauswachsen sehen. Pflanzen Sie nun die heranwachsenden Pelargonien in einen 11 cm großen Plastik- oder Tontopf. In der Fachsprache heißt er Endtopf, denn in ihm bleiben die jungen Pflanzen, bis sie endgültig ins Freie, auf Balkon oder Terrasse, gepflanzt werden. Beim Einpflanzen in den Endtopf werden die Pelargonien in ihrem alten Substrat belassen und mit ein wenig Einheitserde eingepflanzt. Achten Sie darauf, daß die Pflanzen nicht tiefer als bisher in die Erde kommen.

Aussaat in Torfquelltöpfe.

Torftabletten mit lauwarmem Wasser weich angießen und aufquellen lassen. Mit Hilfe eines zusammengefalteten Papiers je ein Samenkorn auf einen Torfquelltopf geben, etwa 1 cm tief eindrücken, Erde darüber schließen. Nach Keimung bei Bildung von Kondenswasser auf der Abdeckung lüften.

Zweite Methode – Aussaat in Aussaaterde

Das brauchen Sie:

• Minitreibhaus fürs Zimmer mit durchsichtiger Abdeckhaube oder: Plastikschale mit lichtdurchlässiger Plastikhaube oder Glasplatte (→ Seite 32).

• Aussaaterde (→ Seite 32)

• Pelargonien-Samen (im Fachhandel erhältlich).

• Pikierstab (im Fachhandel erhältlich).

• Torfanzucht-Töpfe mit 6cm Durchmesser. (Aus gepreßtem Torf, rund oder quadratisch geformte Töpfe in unterschiedlichsten Größen im Fachhandel erhältlich. Vorteil: Die Pflanzen müssen nicht mehr ausgetopft werden; ihre Wurzeln wachsen durch die Topfwand hindurch.)

• Plastik- oder Tontöpfe mit 11 cm Durchmesser.

• Einheitserde.

So wird's gemacht

• Die Aussaaterde in die Plastikschale bis nahe unter deren Rand füllen, wenn nötig entkrümeln und gleichmäßig verteilen.

• Vorsichtig mit handwarmem Wasser angießen, bis die ganze Erde gut durchfeuchtet ist.

• Die Samenkörner mit Hilfe eines gefalteten Papiers (→ Zeichnung) im Abstand von 2,5×2,5 cm aussäen. Leicht mit dem Finger in die Erde drücken (etwa 1 cm tief) und sie darüber wieder schließen.

• Die Plastikschale mit der Aussaat an einen hellen, warmen Platz stellen; optimal ist ein Standort am Fensterbrett über einem Heizkörper.

• Nun die Plastikhaube (oder Glasplatte) auf die Anzuchtschale legen, denn die Samenkörner brauchen feuchtwarme Luft und eine Keimtemperatur von 18 bis 20°C.

Entwicklungsphasen und Pflege

In den ersten 3 Wochen nach der Aussaat: Pflege wie bei Aussaat in Torfquelltöpfe (→ Seite 32).

Wenn die Pflänzchen so groß geworden sind, daß sich ihre Blattspitzen berühren, müssen sie pikiert werden, damit sie mehr Lebensraum erhalten.

• Pikieren ist ganz einfach: Die kleinen Pelargonien vorsichtig mit dem Pikierstab aus der Erde heben (→ Zeichnung, rechts).

• Falls die Wurzeln besonders lang sind, können sie mit den Fingerspitzen abgezwickt werden (→ Zeichnung, rechts), dies erleichtert das folgende Einpflanzen.

• Nun in kleine Torfanzucht-Töpfe (6cm) ein wenig Aussaaterde geben und sehr vorsichtig die jungen Pflanzen einsetzen, sie dabei auch seitlich in Aussaaterde einbetten.

• Die Sämlinge sollen bis zu den Keimblättern eingepflanzt werden, denn am Wurzelhals bilden sich überall noch kleine Wurzeln.

• Wenn alle Sämlinge pikiert sind, die Plastikschale säubern; sie dient nun als Unterlage für die kleinen Töpfchen.

• Die pikierten Pflanzen in die Plastikschale stellen und weich angießen.

Mit fortschreitendem Wachstum der Pelargonien müssen die kleinen Torfanzucht-Töpfe auseinandergerückt werden und zwar so, daß sich die Blattspitzen nicht berühren.

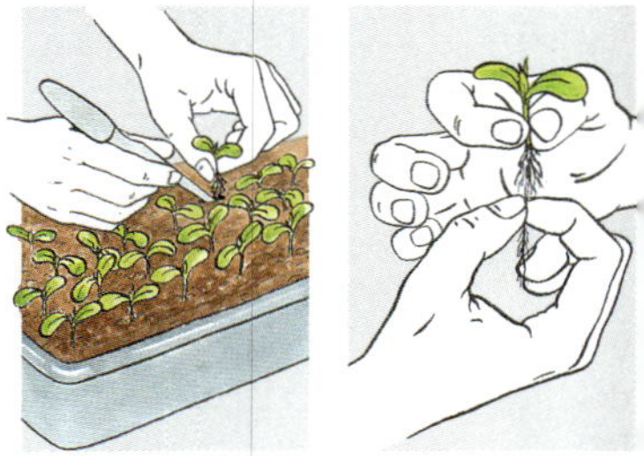

Pikieren.
Keimling mit dem schlanken Ende des Pikierholzes aus Erde lösen. Wurzelspitze einkürzen.

Einpflanzen des Keimlings.
Mit dickem Pikierholzende Loch bohren. Keimling bis zu Blättern einpflanzen, leicht andrücken.

5 Wochen nach der Aussaat sollte die Temperatur auf 16°C gesenkt werden (am besten also die Pelargonien in einen hellen, kühlen Raum stellen!), damit die Pflanzen weiter abgehärtet werden.
Etwa 10 Wochen nach der Aussaat haben sich die Wurzeln so weit entwickelt, daß die Pflanzen einen größeren Topf brauchen. Entfernen Sie den kleinen Anzucht-Topf nicht, sondern pflanzen Sie die jungen Pelargonien mit dem Anzucht-Topf und ein wenig Einheitserde in einen 11 cm großen Plastik- oder Tontopf. Achten Sie darauf, daß die Pflanzen nun nicht tiefer als bisher in die Erde kommen.

Mein Tip: Bei richtiger Pflege entwickeln sich mit beiden Methoden des Aussäens die Pflanzen in der gleichen Zeit. Sie werden jedoch festgestellt haben, daß die Aussaat über Torfquelltöpfe weniger aufwendig ist, weil das Pikieren entfällt.

Vermehrung durch Kopfstecklinge

Wer bereits Pelargonien besitzt, hat die Möglichkeit, von diesen Mutterpflanzen Stecklinge abzunehmen und zu eigenständigen Pflanzen heranzuziehen.

Der richtige Pelargoniensteckling

- Er ist 7 bis 10 Zentimeter lang.
- Er besitzt mindestens ein voll ausgebildetes Blattpaar.
- Der Stengel ist knackig frisch und sattgrün. Nehmen Sie weder hellgrüne, junge, weiche Triebe (sie neigen beim Einpflanzen zu Fäulnis) noch ältere, braune, verholzte Triebe, denn die bewurzeln sich schlecht.

Das brauchen Sie zur Vermehrung

- Ein desinfiziertes Messer (damit beim Abschneiden des Stecklings keine Krankheitserreger übertragen werden).
- Torfquelltöpfe (im Fachhandel in Packungen mit 30 oder 100 Stück erhältlich) oder Torfanzucht-Töpfe mit 6 cm Durchmesser (aus gepreßtem Torf, rund oder quadratisch geformte Töpfe in unterschiedlichsten Größen im Fachhandel erhältlich. Vorteil: Die Pflanzen müssen aus ihnen nicht mehr ausgetopft werden; ihre Wurzeln wachsen durch die Topfwand hindurch.)
- Minitreibhaus fürs Zimmer mit Abdeckhaube (im Fachhandel je nach Größe bereits ab DM 3,– erhältlich) oder: Plastikschale mit lichtdurchlässiger Plastikhaube oder Glasplatte.
- Aussaaterde (keimfreie Spezialerde für Samen und Stecklinge aus Torf, Ton und wichtigen Nährstoffen; im Fachhandel erhältlich).
- Plastik- oder Tontöpfe mit 11 cm Durchmesser.
- Einheitserde (im Fachhandel erhältlich).

So wird's gemacht

- Einige Stunden vor der Stecklingsabnahme die Mutterpflanzen wässern, damit die Triebe bei der Abnahme nicht welk, sondern schön knackig sind.
- An der Mutterpflanze geeignete Stecklinge (→ Beschreibung, links) suchen und mit dem desinfizierten Messer etwa 2 cm unterhalb eines Blattpaares abschneiden (→ Zeichnung, rechts). Die Stecklinge sollten ungefähr 2 cm lange Stengel besitzen, damit sie tief genug eingepflanzt werden können.
- Knospen oder Blüten an einem Steckling müssen ausgebrochen (→ Zeichnung, Seite 23) werden, damit alle Kraft dem Wachstum der Pflanze zugeleitet wird.
- Die Stecklinge gleich nach der Abnahme von der Mutterpflanze einpflanzen – entweder in gut gewässerte Torfquelltöpfe oder in kleine Torfanzucht-Töpfe mit Aussaaterde.
- Die abgeschnittenen Triebe etwa 2 cm tief ins Substrat stecken, etwas andrücken und sanft angießen, damit ein guter Kontakt zwischen dem unbewurzelten Steckling und dem Erdreich entsteht.

Kopfsteckling.
Mit desinfiziertem, scharfem Messer zwischen den Knoten abschneiden.
Knospe und Stengel mit Daumen und Zeigefinger am Ansatz abknipsen.
Steckling in Torfquelltopf stecken und leicht andrücken.

- Die bepflanzten Torfquelltöpfe oder Torfanzucht-Töpfe in die Plastikschale stellen und mit der Haube abdecken. Die Stecklinge bleiben so unter hoher Luftfeuchtigkeit, und die Wasserverdunstung über die Blätter wird auf ein Minimum reduziert. Da die Triebe noch unbewurzelt sind und der Wassertransport von unten noch nicht funktioniert, ist die Abdeckung in der ersten Woche besonders wichtig.
- Halten Sie die Stecklinge sehr hell (am besten am Fenster) bei 18 bis 20°C Zimmertemperatur.

Entwicklungsphasen und Pflege

Einige Tage nach dem Einpflanzen bildet sich an den Stecklingen ein sogenannter Kallus (das ist neugebildetes Pflanzengewebe), und bald darauf erscheinen die ersten kleinen Wurzeln.

• Wenn sich an der Abdeckhaube Kondenswasser bildet, müssen Sie lüften (→ Seite 32), sonst besteht die Gefahr, daß sich Grauschimmel an den Stecklingen und auf ihrem Substrat ansetzt.
• Bei sehr starker Sonneneinstrahlung legen Sie am besten ein Papier auf die Abdeckhaube, um die Pflanzen vor Verbrennungen zu schützen.
• Nach zwei Wochen können Sie die Abdeckung entfernen, denn die Wurzeln haben sich nun gebildet und leiten den Pflanzen das Wasser von unten zu.

Vier Wochen nach dem Einpflanzen der Stecklinge können Sie damit rechnen, daß aus den Anzuchttöpfen schon viele junge Wurzeln herauswachsen – ein Zeichen, daß Ihnen die Vermehrung geglückt ist.
Nach weiteren 3 bis 5 Wochen pflanzen Sie die heranwachsenden Stecklinge mit etwas Einheitserde in 11 cm große Plastik- oder Tontöpfe. Dazu bleiben die Pelargonien in ihrem alten Substrat. Eingewachsene Vermehrungstöpfe dürfen nicht entfernt werden, da sonst der Wurzelballen zerstört wird und die Pflanze einen Wachstumsschock erleidet. Achten Sie darauf, daß die Pflanzen nicht tiefer als bisher in die Erde kommen. In diesen sogenannten Endtöpfen bleiben die Pelargonien bis sie ins Freie, auf Balkon oder Terrasse, gepflanzt werden.

Die Weiterpflege bis zur fertigen Pflanze

Ganz gleich, welche Vermehrungsmethode Sie gewählt haben – das Einpflanzen in den Endtopf ist der Übergang von der Kindheit in die Jugendzeit der Pflanze. Ab jetzt ist die weitere Pflege – die sogenannte Weiterkultur – für den ehemaligen Sämling die gleiche wie für den einstigen Steckling.
Hell und kühl stellen: Die Pelargonien sollen nun so hell wie möglich (zum Beispiel sonniger Fensterplatz, ganz ideal: Kleingewächshaus) und relativ kühl (16°C) stehen.
Entspitzen: 2 bis 4 Wochen nach dem Einpflanzen in den Endtopf haben sich die Pflanzen beträchtlich gestreckt. Nun ist es an der Zeit, sie zu entspitzen (→ Zeichnung, Seite 31), das heißt, die oberste Triebspitze mit den Fingernägeln abzuzwicken. Dies sollte bis Mitte März geschehen sein, denn wenn Sie zu spät entspitzen, verzögert sich der Beginn der Blüte.
Abhärten: Bis Ende April haben Ihre selbstgezogenen Pelargonien dicke Knospen angesetzt. Härten Sie sie jetzt ab, damit sie später ohne Wachstumsschock im Freien weiterwachsen. Lüften Sie häufig und halten Sie den Anzuchtraum so kühl wie möglich.
Auf Schädlingsbefall kontrollieren: Kontrollieren Sie die Pflanzen hin und wieder auf Schädlingsbefall (→ Krankheiten, Seite 26). Blattläuse sollten mit den üblichen Pflanzenschutzmitteln bekämpft werden, denn sie können die gefährliche Pelargonienwelke (→ Krankheiten, Seite 27) übertragen.
Wärme und Enge vermeiden: Sowohl Steh- wie Hängepelargonien sollten im April und Mai nicht zuviel Wärme erhalten und nicht zu dicht stehen, sonst kann es leicht passieren, daß ihre Triebe zu lang und kraftlos werden.

So geht's auch: Pelargonienkultur im Schnellverfahren

Bei dieser Anzuchtmethode beginnen Sie mit Stecklingen Anfang bis Mitte März. Sie können dazu die beim Stutzen (→ Überwinterung, Seite 30) anfallenden Stecklinge verwenden.
• Nehmen Sie einen Plastik- oder Tontopf von 11 cm Durchmesser und Aussaaterde.
• Pflanzen Sie an den äußeren Rand des Topfes gleich jeweils 3 bis 4 Stecklinge ein.
• Ziehen Sie nach dem Angießen eine durchsichtige Plastikfolie über Topf und Stecklinge, so daß keine Feuchtigkeit verdunsten kann, die Stecklinge jedoch nicht in ihrem Wachstum behindert werden.
• Nun die Pelargonien unbedingt hell stellen und bei einer Temperatur von 18 bis 20°C zum Bewurzeln bringen.
• Nach zwei Wochen kann die Folie entfernt werden, weil die Stecklinge sich bewurzelt haben.
• Die Pflanzen – ohne zu entspitzen – wachsen lassen.
• Die Temperatur während der ganzen Vorkultur im Haus nicht mehr unter 16°C sinken lassen.
• Bis zu den »Eisheiligen« haben Sie kräftige Pelargonien gewonnen, die meist schon blühen.

Pelargonien im Zimmer

Blattpelargonien

Sie können nur über Stecklinge vermehrt werden, wobei die Methode der Vermehrung und die Weiterpflege bis zur fertigen Pflanze nach den gleichen Grundsätzen erfolgt wie bei den Pelargonien im Freien (→ Seite 35). Da es bei Blattpelargonien nicht darauf ankommt, daß sie zu einer bestimmten Zeit blühen, können sie das ganze Jahr über vermehrt werden. Eine Vermehrung durch Aussaat ist nicht möglich.

Edelpelargonien

Edelpelargonien können ebenfalls nur über Stecklinge vermehrt werden. Die Stecklinge von Edelpelargonien bilden nicht immer ohne

Pelargonien sind ein beliebter Schmuck öffentlicher Gebäude. Hängende Sorten an alter Holzbrücke.

weiteres Wurzeln aus. Es empfiehlt sich deshalb, die Stecklinge an Schnittstelle und Stengel etwa 2 cm tief in ein Bewurzelungshormon (in Pulverform im Fachhandel erhältlich) zu tauchen. Dadurch bilden sie leichter einen Kallus (→ Seite 35) aus.

Führen Sie die Stecklingsvermehrung Ihrer Edelpelargonien möglichst im Sommer durch, denn Erfahrungswerte haben gezeigt, daß diese Pflanzen im Winter weniger gut anwurzeln.

Die Methode der Vermehrung und die Weiterpflege entspricht im übrigen der von Pelargonien im Freien (→ Seite 36).

Duft- und Wildpelargonien

Vermehrung durch Aussaat

Wildpelargonien können über Aussaat vermehrt werden, jedoch ist ihr Samen nicht im Handel erhältlich, sondern nur über Privatleute zu bekommen. Solche Kontakte lassen sich über Annoncen in den Pflanzenbörsen der Fachzeitschriften knüpfen. Zur Methode des Aussäens → Seite 32.

Vermehrung durch Kopfstecklinge

Meistens werden Duft- und Wildpelargonien allerdings über Kopfstecklinge vermehrt, weil dies schnell und problemlos zu kräftigen Pflanzen führt.

Zeitpunkt der Stecklingsabnahme: Die Stecklinge sollten zwischen Mai und Oktober von der Mutterpflanze abgenommen werden. Es hat sich gezeigt, daß die besten Erfolge in den Sommermonaten bei viel Licht und Wärme zu verzeichnen sind.

Geeignete Arten: Denken Sie daran, daß sich nicht alle Duft- und Wildpelargonien gleichermaßen gut vermehren lassen.

Sehr gut bewurzeln sich *Pelargonium tomentosum, Pelargonium capitatum, Pelargonium fragrans, Pelargonium papilonaceum, Pelargonium Princess Ann.*

Schlecht bewurzeln sich *Pelargonium gibbosum, Pelargonium cunanifolium, Countess of Scarborough.*

Vermehrungssubstrat: Verwenden Sie als Vermehrungssubstrat eine selbstgemischte Erde aus einem Drittel Aussaaterde, einem Drittel Sand und einem Drittel Perlit, das ist ein besonderes, fein gemahlenes Gestein (im Fachhandel erhältlich). Diese Mischung ist in hohem Maß wasserdurchlässig.

Pflanzgefäße: Pflanzen Sie die Stecklinge zum Bewurzeln in zuvor gut gewässerte (→ Seite 17) Tontöpfe von 6 cm Durchmesser.

Wichtig: Vermeiden Sie bei Duft- und Wildpelargonien Torf, damit möglichst wenig Wasser um die empfindlichen Wurzeln gehalten wird. Die Stecklinge werden aus diesem Grund weder in Torfquelltöpfe noch in Torfanzucht-Töpfe gepflanzt.
Standort: Die Stecklinge werden mäßig angegossen und bei mindestens 18 bis 20°C am sonnigen Fensterbrett zum Bewurzeln gebracht.
Entwicklungszeit: Die Entwicklungszeit von Duft- und Wildpelargonien kann von Art zu Art sehr unterschiedlich sein. Beobachten Sie die Stecklinge deshalb besonders aufmerksam.
Wenn die Stecklinge größer geworden sind, topfen Sie probeweise einen aus (→ Zeichnung, Seite 18) und überprüfen Sie, wie weit sich die Wurzeln entwickelt haben.
Einpflanzen in den Endtopf: Reichen die Wurzeln bis an den Rand des Anzucht-Töpfchens, ist es an der Zeit, die Jungpflanzen in die Endtöpfe zu pflanzen. Dies sind 11 cm große Tontöpfe.
Jeder Endtopf wird im unteren Drittel mit Blähton oder groben Tonscherben gefüllt; erst darauf wird die bereits beschriebene Erdmischung gegeben. Diese zugrundeliegende Drainage-Schicht fördert den Wasserablauf.
Weitere Pflege: Die Jungpflanzen werden weiter sonnig und warm gehalten. Achten Sie darauf, daß die Wurzeln nie im Wasser stehen, denn sie faulen sehr leicht.
Anfang Januar für die Duft- und Wildpelargonien eine Kühl- und Trockenperiode von 4 bis 6 Wochen einrichten: Die Temperatur sollte 5°C betragen, gegossen wird nicht. Sie können die Pflanzen jedoch leicht übersprühen.
Nach dieser Zeit langsam Temperatur und Wassergaben erhöhen.
Diese Maßnahme fördert einen reichen Blütenflor zutage.

Die Stehpelargonie »Bern« gedeiht den Sommer über auch im Beet.

Geranien im Garten

Vermehrung durch Aussaat

Säen Sie die Staudengeranien im April oder Mai in Anzuchtkästchen aus.
Da der Samen von Geranien viel kleiner ist als der von Pelargonien, empfiehlt sich eine Aussaat auf Torfquelltöpfe nicht, weil die Samenkörner nicht einzeln auf sie gebracht werden können.
Die Anzuchtkästen werden hell und warm (18 bis 20°C) gehalten.
Sobald die Samen ausgetrieben haben und die Pflänzchen groß genug sind, werden sie pikiert (→ Zeichnung, Seite 34) und Torfanzucht-Töpfe gepflanzt.
Wenn sie diese durchwurzelt haben, werden sie ins Freie in Beete umgesetzt.

Vermehrung durch Teilung

Sie können aber auch eine ältere Pflanze im Frühjahr, wenn der Austrieb noch kurz ist, teilen.
Dazu graben Sie die Pflanze aus und teilen sie mit einem Messer oder Spaten in einige Stücke, die danach getrennt wieder eingepflanzt werden. Diese Methode eignet sich übrigens für viele Gartenstauden.

Ampeln, Säulen, Hochstämmchen und Pflanzkombinationen

Wie wär's zum Beispiel mit zwei zu Säulen gezogenen Pelargonien zu beiden Seiten der Balkontür? Oder was halten Sie von einer mit Pelargonienampeln geschmückten Pergola? Die Gestaltungsmöglichkeiten mit diesen sortenreichen Pflanzen sind ungewöhnlich vielfältig.

Pelargonien auf Balkon und Terrasse

Pelargonien sind vielseitige Pflanzen: Sie wachsen von unten nach oben, aber auch von oben nach unten – und sie vertragen sich gut mit anderen Pflanzen. Diese Eigenschaften eröffnen Ihnen unzählige Gestaltungsmöglichkeiten. Mit Hängepelargonien können Sie Ampeln bepflanzen. Wuchsfreudige Sorten lassen sich in verhältnismäßig kurzer Zeit zu Hochstämmchen oder Säulen ziehen, und im Verbund mit bunten Sommerblühern können Sie mit Pelargonien die wunderschönsten Farbkombinationen gestalten.

Pelargonien in Ampeln

Überall wo Ihnen ein Vordach, eine Überdachung oder eine Pergola (→ Foto, Seite 19) zur Verfügung steht, können Sie Blumenampeln unterbringen. Vergessen Sie bei der Standortwahl jedoch nicht, daß die Ampeln zum Gießen und Pflegen gut erreichbar sein müssen.

Geeignete Pflanzen

Nehmen Sie zur Bepflanzung von Ampeln Hängepelargonien, am besten Pflanzen der sogenannten Cascade-Sorten (→ Seite 44), die es in Weinrot, Ziegelrot, Lila und Rosa gibt. Sie sind für Ampeln aus 3 Gründen besonders gut geeignet:

- Sie vertragen auch ungünstige Standorte, zum Beispiel halbschattige und schattige Plätze oder Ecken mit Zugluft.
- Sie sind selbstreinigend, wie es in der Fachsprache heißt. Gemeint ist damit, daß sich die kleinen Blütenblätter beim Verwelken einrollen und dann kaum mehr sichtbar sind. Dies ist bei hochhängenden oder schwer erreichbaren Ampeln eine kleine Erleichterung bei der Pflege.
- Sie blühen besonders üppig. Unübertroffen im Blühen sind die sogenannten Mini-Cascaden.

Mein Tip: Wenn Sie eine Ampel bepflanzen wollen, erkundigen Sie sich beim Kauf von Hängepelargonien nach deren Wuchslänge. Mini-Cascaden werden höchstens 50 cm lang. Andere Cascade-Sorten können jedoch 1,50 m lang werden.

Gestaltungsmöglichkeiten mit Beipflanzen

Wer seine Ampeln nicht allein in Rottönen halten will, kann durch Beipflanzen bunte Farbakzente setzen. Beliebte Beipflanzen sind hängende Arten der Lobelie *(Lobelia):* blau, Pantoffelblumen *(Calceolaria):* gelb, Margeriten *(Chrysanthemum):* weiß und gelb, Hängeverbenen *(Verbena):* pink oder Australische Gänseblümchen *(Brachycome):* himmelblau.

So wird's gemacht

Pflanzgefäße: Praktisch sind die im Fachhandel in verschiedenen Größen erhältlichen Ampeln aus Plastik mit abnehmbarem Untersetzer. Sie besitzen kein großes Eigengewicht und sind leicht zu reinigen. Denken Sie daran, daß Ampeln mit zunehmendem Wachstum der Pflanzen schwerer werden und deshalb eine stabile Aufhängung benötigen.
Einpflanzen: Pflanzen Sie in eine Ampel mit einem Durchmesser von 25 cm höchstens 3 Hängepelargonien. (Substrat und Einpflanztechnik → Seite 12 und 18.) Achten Sie darauf, daß nach dem Einpflanzen ein Gießrand von mindestens 2 cm bleibt, damit die Erde beim Gießen nicht ausgeschwemmt wird.

Pflegetips

Pelargonien in Ampeln pflegen Sie auf die gleiche Weise wie Pelargonien in Töpfen oder Blumenkästen (→ Pflege, Seite 20).
Gießen: Mini-Cascaden sind in den ersten Wochen empfindlich gegenüber zuviel Wasser und kühlen Temperaturen; sie neigen dann sehr schnell zu Wurzelfäulnis. Achten Sie deshalb darauf, daß keine Staunässe im Untersetzer entsteht oder entfernen Sie ihn, wenn es der Standort erlaubt.
Andererseits sind Pelargonien in Ampeln wegen ihres »abgehobenen Standorts« gelegentlich Stief-

Pelargonien in Ampeln (hier Sorte »Galilee«) reichlich düngen!

kinder, wenn gegossen wird. Vergessen Sie sie nicht, und denken Sie daran, daß Ampelpflanzen auch bei starkem Regen nie Wasser abbekommen, wenn sie sich unter einer Überdachung befinden.
Düngen: Auch Ihre Ampel-Pelargonien sollten gedüngt werden (→ Pflege, Seite 22). Vor allem die Cascade-Sorten brauchen unbedingt regelmäßig wöchentlich einen Volldünger im Gießwasser.
Stutzen: Wenn die Pelargonien zu lang werden, können Sie sie jederzeit kürzen (→ Stutzen, Seite 30), indem Sie sie an der Ihnen genehmen Höhe mit einem Messer oder einer Schere beschneiden.

Überwinterung
Die Überwinterung von Pelargonien in Ampeln ist die gleiche wie die von Pelargonien in Töpfen oder Blumenkästen (→ Seite 28).

Hochstämmchen

Ein Hochstämmchen zu ziehen, ist gar nicht so schwer, wie viele meinen und dauert genau ein Jahr. Wenn Sie im Frühjahr mit der Aufzucht bewurzelter Stecklinge (→ Seite 35) anfangen, können Sie – bei konsequenter Pflege – schon im darauffolgenden Jahr mit fertigen Hochstämmchen Balkon oder Terrasse schmücken. Am besten beginnen Sie mit mehreren Stecklingen, von denen Sie dann nur den oder die kräftigsten als Hochstämmchen weiterziehen.

Geeignete Pelargonien
Sie können sowohl stehende wie hängende Pelargonien zu Hochstämmchen ziehen. Ich rate Ihnen jedoch, stehende Hybriden zu nehmen, weil sie sich leichter ziehen lassen.

Gestaltungsmöglichkeiten durch Unterpflanzung
Zur Unterpflanzung von Hochstämmchen eignen sich niedere einjährige Pflanzen, wie zum Beispiel Steinkraut (*Alyssum*), Australisches Gänseblümchen (*Brachycome*) oder Husarenknopf (*Sanvitalia procumbens*). Sie blühen den ganzen Sommer über, müssen allerdings jährlich erneuert werden.

So zieht man Hochstämmchen
Beginnen Sie im März mit einigen kräftigen Stecklingen, die Sie von überwinterten Pflanzen abnehmen und zum Bewurzeln bringen (→ Vermehrung, Seite 35), oder Sie kaufen bereits bewurzelte Stecklinge im Fachhandel.
Einpflanzen: Sobald die Stecklinge gut bewurzelt sind, wird jeder von ihnen in einen 11 cm großen Plastik- oder Tontopf (→ Seite 36) gepflanzt. Substrat: Einheitserde oder eine Handelserde, der Sie Grunddünger (→ Seite 15) beimischen.
Nachdüngung: Geben Sie bereits 3 Wochen nach dem Einpflanzen einen flüssigen Volldünger (→ Seite 22) ins Gießwasser.
Förderung des Längenwachstums: Mit fortschreitendem Wachstum bilden sich am Haupttrieb Seitentriebe und Knospen, die Sie mit den Fingern immer gleich ausbrechen (→ Zeichnung, Seite 23) müssen, damit die ganze Energie dem Längenwachstum zugute kommt.
Endgültige Auswahl: In dieser Wachstumsphase können Sie am besten erkennen, welche Pflanze sich für eine Weiterzucht besonders eignet. Zu Hochstämmchen sollten Sie Pflanzen ziehen, deren Haupttrieb möglichst gerade, kräftig und weit nach oben gewachsen ist. Pelargonien mit krummen Haupttrieben sind ebensowenig geeignet wie Pelargonien, die im Längenwachstum eindeutig den anderen hinterherhinken.

Umtopfen: Im Mai ist der Trieb etwa 50 cm hoch. Pflanzen Sie die Pelargonie nun in einen 18 cm großen Tontopf. Substrat: Einheitserde oder gedüngte Handelserde.
Befestigen an Halterung: Stecken Sie nach dem Umtopfen neben den Trieb einen etwa 1,2 m langen Stab als Halterung für die Pflanze ins Erdreich und befestigen Sie den Trieb locker mit Bast oder einem Band daran. Die Verschnürung sollte dem Trieb Halt geben, aber ihn nicht einschnüren.
Weitere Pflege: Geben Sie 3 Wochen nach dem Umtopfen wieder regelmäßig einmal wöchentlich flüssigen Volldünger ins Gießwasser und brechen Sie weiterhin Seitentriebe und Blütenknospen aus.
Bei 75 cm Höhe: Brechen Sie bis zu dieser Höhe – sie wird vom Topfrand aus gemessen – weiterhin Seitentriebe und Blütenknospen aus, ab 75 cm aufwärts aber lassen Sie Seitentriebe und Blätter nun wachsen – sie bilden die spätere Krone. Die Blütenknospen werden jedoch weiterhin entfernt.
Bei 1 m Höhe: Ende Juni/Anfang Juli hat die Pelargonie eine Höhe von 1 m erreicht. Schneiden Sie jetzt den Haupttrieb ab. Von den Seitentrieben, die sich ab 75 cm Höhe gebildet haben, lassen Sie die obersten 5 bis 6 stehen, denn sie bilden die Verzweigung für die spätere Krone. Diese Seitentriebe sollten möglichst gleichmäßig rund um den Stamm herum verteilt sein.

Rekord-Hochstämmchen.
Es mißt vom Kübelrand aus 2,53 m. Aus 4 Stecklingen einer Cascade-Sorte wurde es in 2 Jahren zu dieser Pracht entwickelt.

Umtopfen: Wenn sich die Seitentriebe gestreckt haben (etwa 5 cm Länge), topfen Sie das Hochstämmchen in sein endgültiges Gefäß, am besten in einen schweren Tontopf von 25 cm Durchmesser, weil er der Pelargonie die nötige Standfestigkeit gibt. Substrat: Einheitserde oder eine gedüngte Handelserde. Dieses Umtopfen geht am besten zu zweit:

- Stellen Sie das Hochstämmchen neben den neuen Tontopf.
- Der neue Topf wird etwa 5 cm hoch mit Substrat gefüllt.
- Ab jetzt brauchen Sie einen Helfer, der bei allen Handgriffen, die Sie beim Umtopfen ausführen müssen, das Hochstämmchen stützt – und zwar so, daß es nicht abbrechen kann oder die Krone auf die Erde zu liegen kommt.
- Um das Hochstämmchen unversehrt aus dem alten Topf zu bekommen, muß es waagrecht auf den Boden gelegt werden. Dazu langsam den Topf kippen und den alten Topf lösen, ohne daß Wurzeln oder Wurzelpartien abgerissen werden, auch der Haltestab sollte in der Erde belassen werden.
- Das Hochstämmchen aufrichten, indem man mit beiden Händen den ganzen Wurzelballen umfaßt und die Pflanze in den neuen Topf hebt.
- Während das Hochstämmchen weiterhin von Ihrem Helfer am oberen Stamm gehalten wird, Erde zwischen Topfrand und Wurzelballen füllen. Die Erde wird so fest eingedrückt, daß die Pflanze eine gute Standfestigkeit bekommt, jedoch nicht wie einzementiert steht.

Entspitzen der Seitentriebe: Wenn die Seitentriebe etwa 25 cm lang geworden sind, werden sie entspitzt (→ Zeichnung, Seite 31), damit sie sich weiter verzweigen. Bald bildet sich eine geschlossene Krone mit den ersten Blüten daran, die nun nicht mehr ausgebrochen werden.

Weitere Pflege im ersten Jahr

Das Hochstämmchen hat nun seine endgültige Form erreicht. Bis zur Überwinterung ergeben sich folgende Maßnahmen:

Düngen: Bis Ende August einmal wöchentlich weiterhin flüssigen Volldünger ins Gießwasser geben. Im September nur noch vierzehntägig düngen, dann das Gießen ganz einstellen, damit die Pflanze zur Ruhe kommt.

Ausputzen: Blätter und Blütenknospen, die sich am Stamm bilden, werden weiterhin ausgebrochen.

Haltestab: Befestigung an der Halterung gelegentlich überprüfen, damit sie den Stamm nicht einschnürt.

Überwinterung

Vor Beginn der ersten Nachtfröste, das Hochstämmchen in einen hellen, kühlen Raum bringen. Es wird überwintert wie alle Pelargonien, die im Freien waren (→ Überwinterung, Seite 28).

Wenn das Pelargonienstämmchen im nächsten Frühjahr austreibt, sollten Sie es – spätestens bis Anfang April – noch einmal entspitzen (→ Zeichnung, Seite 31), damit eine kompakte Krone entsteht. Ab Mitte Mai erstrahlt es dann in voller Blüte. Wird später entspitzt, verzögert sich die Blüte.

Pflegetips fürs zweite Jahr

Allgemeine Pflege: Pelargonien-Hochstämmchen werden übers Jahr gepflegt wie alle anderen Pelargonien auf Balkon und Terrasse (→ Pflege, Seite 20).

Stutzen: Lang abstehende Triebe, die aus der Kronenform herauswachsen, müssen gestutzt (→ Zeichnung, Seite 30) werden.

Haltestab: Erneuern Sie im zweiten Jahr den Haltestab. Er sollte nun stärker sein (2 cm im Durchmesser) und weit in die Mitte der Krone reichen, damit die Pflanze einen guten Halt hat.

Säulen

Zu Säulen hochgezogene Pelargonien können auf Balkon und Terrasse manche kahle Ecke verschönern.

Geeignete Pflanzen

Dazu eignen sich sowohl hängende wie stehende Pelargonien. Günstiger sind jedoch hängende Pflanzen, weil sie meist wuchsfreudiger sind.

So wird's gemacht

- Pflanzen Sie im März 3 bewurzelte Pelargoniensteckinge in einen Tontopf von mindestens 25 cm Durchmesser. Optimal sind quadratische Terrakottagefäße, weil sie die größte Standfestigkeit bieten. Substrat: Einheitserde oder eine einfache Handelserde, der Sie Grunddünger (→ Seite 15) beimengen.
- In die Mitte zwischen die Pelargonien einen langen Stab stecken, an dem alle heranwachsenden Triebe mit Bast oder Bändern locker festgebunden werden.
- Die Seitentriebe nicht entfernen, aber bis in den April hinein stutzen, damit sie allmählich zu einer kompakten Kegelform heranwachsen.
- Ab Mitte April die Triebe wachsen lassen. Es bilden sich bald darauf Knospen.

Pflege

Zu Säulen gezogene Pelargonien werden genauso gepflegt wie Pelargonien in Blumenkästen oder -töpfen (→ Pflege, Seite 20).

Pflanzkombinationen mit einjährigen Sommerpflanzen

Darauf sollten Sie bei der Zusammenstellung achten:

- Passen die Farben der Pflanzkombination zur Umgebung, in der die Pflanzung steht?
- Passen die Farben der Blüten zusammen?

• Wechseln große und kleine Blüten ab?
• Lassen sich durch unterschiedliches Laub (Färbung, Form, Größe) noch zusätzliche optische Reize erreichen?
• Passen die Pflanzen in ihrer Wuchsform zusammen? (Bei Blumenkästen empfiehlt es sich zum Beispiel, vorne hängende und hinten stehende Blumen zu pflanzen.)

Geeignete Pflanzen
Nehmen Sie sonnenverträgliche Einjahrespflanzen, die den ganzen Sommer über blühen und für eine Balkonkasten-Bepflanzung nicht zu hoch werden. Es gibt sie in vielen Farbnuancen mit großen (zum Beispiel Petunien) und zierlichen Blüten (zum Beispiel Lobelien), hängend (zum Beispiel Hängeverbene) oder aufrecht (zum Beispiel Wandelröschen) wachsend.

Pflegetips
Gemischte Pflanzungen mit Pelargonien werden genauso gepflegt wie Pelargonien in Blumenkästen oder -töpfen (→ Pflege, Seite 20).
Stutzen der Beipflanzen: In feuchten Jahren übertreffen manche Sommerblumen im Wachstum die Pelargonie. Petunien und Margeriten können so wuchtig werden, daß, ein Rückschritt nötig wird. Petunien vertragen einen starken Rückschnitt. Margeriten hingegen nicht bis in die verholzten Pflanzenteile hinein zurückschneiden!

Überwinterung
Vor Beginn der Überwinterung die einjährigen Sommerpflanzen aus den Pflanzkästen entfernen, denn sie lassen sich nicht überwintern. Bei der Gelegenheit können Sie auch die Pelargonien in Einzeltöpfe geben und darin überwintern, was einen kompakteren Wuchs im neuen Jahr begünstigt (→ Überwinterung, Seite 28).

Pflanzkombination aus hängenden Pelargonien auf einer Säule.

Pelargonien im Zimmer

Mit den im Zimmer gehaltenen Pelargonien – den Edel-, Blatt- und Duftpelargonien – haben Sie bei weitem nicht die Vielfalt an Gestaltungsmöglichkeiten wie mit den stehenden oder hängenden Hybriden auf Balkon oder Terrasse. Doch lassen sich einige Arten gut zu Hochstämmchen ziehen.

Geeignete Pflanzen
Gut für die Zucht zum Hochstämmchen eignen sich Edelpelargonien. Von den Duft- und Wildpelargonien weiß man bisher nur einige, die dafür geeignet sind, und zwar: die Großblütige Pelargonie (*Pelargonium grandiflorum*), die Pelargonie Princess Ann (*Pelargonium Princess Ann)* und alle Duftpelargonien-Hybriden (→ Seite 50).

So wird's gemacht
Die Pelargonien im Zimmer werden genau wie die stehenden oder hängenden Hybriden zu Hochstämmchen gezogen (→ Seite 40). Dabei sollten Sie jedoch auf die Pflegebedürfnisse der unterschiedlichen Arten achten (→ Pflege, Seite 23, 50).

Geranien im Garten

Staudengeranien können zu keinen Sonderformen gezogen werden. Sie fügen sich jedoch sehr schön in Pflanzkombinationen mit anderen Stauden. Es gibt sie in Blau, Weiß, Violett sowie in vielen Rosa- und Rottönen. Sie kommen als hohe Stauden, aber auch als Polsterpflanzen vor (→ Seite 58, 59) und passen gut zu Gruppen von Gräsern, Lavendel, Herbstastern, Evigeron, Schleierkraut und Farnen.

Pelargonien auf Balkon und Terrasse

In diesem Abschnitt stellen wir Ihnen beliebte Sorten stehender (→ Seite 46, 47), hängender und halbhängender (→ Seite 48, 49) Pelargonien vor. Die Angaben zu Aussehen, Eigenschaften und Pflege werden Ihnen eine Hilfe bei der Anschaffung und Auswahl sein.

Stehende Pelargonien

Unsere stehenden Pelargonien sind Hybriden (sogenannte Bastardkreuzungen), deren Stammeltern die Gürtelpelargonie, *Pelargonium zonale* (zonale = Gürtel) und die Scharlachpelargonie, *Pelargonium inquinans* (→ Zeichnungen, Seite 8) sind. Mittlerweile sind Hunderte von Sorten gezüchtet worden. Je nachdem, welcher Elternteil bei einer Sorte überwiegt, läßt sich auf den Blättern ein mehr oder minder ausgeprägter brauner Gürtelring erkennen.

Aussehen und Gemeinsamkeiten

Alle Pelargonium-Zonale-Hybriden wachsen aufrecht, daher der Name Stehpelargonie. Fast alle Sorten besitzen relativ große Blätter und kräftige, leicht behaarte Triebe. Ihre Blüten sitzen auf langen Stengeln und bestehen aus Dolden mit unterschiedlich vielen Einzelblüten. Manche Stehpelargonien sind nur einfach blühend, die meisten jedoch gefüllt.
Hinweis: Einfach blühend heißt, die Einzelblüte besitzt wie die wilden Stammeltern je 5 Blütenblätter. Gefüllte Blüten haben dagegen mehr Blütenblätter, weil sich bei ihnen durch Züchtung Staubgefäße und Stempel zu weiteren Blütenblättern umgeformt haben.
Stehende Pelargonien gibt es in zahlreichen strahlenden Rot-, Rosa- und Pinktönen. Weniger häufig sind lachsfarbene und reinweiße zu finden, die sich zu ungewöhnlichen Pflanzkombinationen geradezu anbieten.

Dazu eignen sich Stehpelargonien besonders

- Stehende Pelargonien vertragen sich gut in Pflanzkombinationen mit allen anderen Sommerblühern.
- Sie lassen sich ohne allzu großen Aufwand zu Hochstämmchen ziehen (→ Seite 40).
- Ihre Überwinterung ist unproblematisch (→ Seite 28).
- Stehpelargonien lassen sich leicht durch Kopfstecklinge vermehren (→ Seite 35).

Hängende und halbhängende Pelargonien

Die hängenden Pelargonien (Pelargonium-Peltatum-Hybriden) entstanden aus Kreuzung der wilden Schildpelargonie, *Pelargonium peltatum* (pelta = Schild) mit anderen Wildformen. Die Namensgebung bezieht sich auf die Blätter, die im Unterschied zu den eher weichen, behaarten Blättern der stehenden Pelargonien fleischig verdickt und schildförmig sind.
Die halbhängenden Pelargonien (Pelargonium-Zonale x Peltatum-Hybriden) sind Hybriden, die aus Kreuzungen von stehenden und hängenden Pelargonien hervorgingen. Sie heißen auch Halbhänger oder Halbpeltaten.

Aussehen und Gemeinsamkeiten

Hängende oder halbhängende Pelargonien bilden in ihrer Heimat in Südafrika bis zu 2 m lange Triebe aus, die am Boden liegen oder in höheren Büschen ranken. Die Blüten der Zuchtformen sind teils einfach, teils gefüllt. Es gibt sie in herrlichen Rot-, Rosa- und Pinktönen, auch in Weiß.

Ein Wort zu den Cascade-Sorten

Die Cascade-Sorten sind innerhalb der hängenden Pelargonien eine eigene Gruppe für sich, die erst vor einigen Jahren in Frankreich wiederentdeckt wurde. Äußerlich lassen sie sich leicht von anderen hängenden Pelargonien unterscheiden, denn ihre Blüten sind Wildpelargonien sehr ähnlich (→ Foto, Umschlagseite 2): einfach, zierlich in der Form der Blütenblätter und klein. Dafür überraschen diese Züchtungen jedoch mit einer Wuchs- und Blühleistung, die alle anderen Pelargonien in den Schatten stellt. Gut gepflegte Cascade-Sorten (zum Beispiel »Ville de Paris«, → Seite 49, Nr. 4, »Lachscascade« oder »Feuercascade«, → Seite 49, Nr. 3) können bis zu 1,5 m lange über und über blühende Triebe bilden, während die sogenannten Minicascaden (zum Beispiel »Lila-Mini-Cascade«, »Rote-Mini-Cascade«) maximal 50 cm erreichen. Und noch ein Vorteil: Die Cascade-Sorten sind selbstreinigend. Nach dem Abblühen kräuseln sich die feinen Blütenblättchen so zusammen, daß sie kaum mehr zu sehen sind. Sie fallen nicht ab. Jeder, der schon einmal unter einem großen Balkon einen ganzen Sommer lang abgefallene rote oder rosa Blütenblätter entfernen mußte, weiß, welch großer Vorteil dies ist.

Mein Tip: Die Überwinterung der langen Cascaden ist etwas mühsam. Nehmen Sie deshalb lieber im Herbst Stecklinge ab und überwintern Sie diese Jungpflanzen.

Pelargonien auf Balkon und Terrasse

Dazu eignen sich hängende und halbhängende Pelargonien besonders

- Hängende Pelargonien sind begehrte und pflegeleichte Pflanzen für Ampeln und Blumenkästen im Freien.
- In Pflanzkombinationen mit stehenden Sommerblühern bilden sie die ideale nach unten strebende Komponente.

Pflegetips

Hier in Kurzform noch einmal die Grundbedürfnisse von Pelargonien auf Balkon und Terrasse:

- Viel Sonne! (→ Standort, Seite 12)
- Nährstoffhaltige Erde! (→ Erde, Seite 12)
- Viele Nährstoffe! (→ Düngen, Seite 15, und Nachdüngen, Seite 22)
- Wasser in Maßen! (→ Gießen, Seite 20)
- Keine Staunässe! (→ Pflanzgefäße, Seite 16)
- Kein Frost! (→ Überwinterung, Seite 29)

Mein Tip: Die Cascade-Sorten sind weniger empfindlich als die anderen hängenden oder stehenden Pelargonien-Sorten.

Bauernbalkon mit der halbhängenden Sorte »Schöne von Grenchen« und der hängenden Pelargonie »Galilee«.

Pelargonien auf Balkon und Terrasse

1 Rio

Blütenform: Einfach. Blütenfarbe: Hellrosa, zur Mitte hin dunkler werdend, mit dunkelroter Zeichnung. Blütenstand: Dolden mit 10 bis 15 Einzelblüten. Blatt: Groß, dunkelgrün, mit leicht gewelltem Rand. Wuchsform: Aufrecht, kompakt. Hinweis: Neuheit mit ausgefallenen Blüten, sehr reich blühend und wetterfest, für Zimmerpflege, Balkon und Garten geeignet.

2 Casino

Blütenform: Sehr große, gefüllte Blüten. Blütenfarbe: Dunkle Lachsfarbe, Rückseite der Blütenblätter silbrig. Blütenstand: Große Dolden mit bis zu 20 Einzelblüten. Blatt: Groß, hellgrün, mit hellbraunem Blattring, Rand leicht gewellt. Wuchsform: Aufrecht, stark wachsend, verzweigt sich stark. Hinweis: Kann im Zimmer, auf Balkon und Terrasse und im Garten (dort auch als Beetpflanze möglich) gepflegt werden.

3 Champagner

Blütenform: Große, einfache Einzelblüten. Blütenfarbe: Helle Lachsfarbe mit weißer Mitte. Blütenstand: Dolden mit 10 bis 20 Einzelblüten, frühblühend, blühfreudig. Blatt: Hellgrün mit hellbraunem Blattring, leicht gebuchtet. Wuchsform: Aufrecht, kompakt, verzweigt sich gut. Hinweis: Aparte Sorte, die gut vor dunklen Hintergrund paßt. Geeignet für Zimmer, Balkon, Terrasse und Garten.

4 Fidelio

Blütenform: Große, gefüllte Einzelblüten. Blütenfarbe: Rosarot. Blütenstand: Dolden mit 15 bis 20 Einzelblüten. Blatt: Groß, kräftig grün, hellbrauner Blattring nur schwach erkennbar. Wuchsform: Aufrecht, stark wachsend. Hinweis: Besonders frühblühende Sorte, wetterfest, geeignet für Zimmer, Balkon, Terrasse und Garten (auch im Beet).

5 Flirtpel

Blütenform: Große, halbgefüllte Einzelblüten. Blütenfarbe: Leuchtendes Pink, zur Mitte hin heller werdend, mit feiner dunkelroter Zeichnung. Blütenstand: Dolden mit 10 bis 15 Einzelblüten. Blatt: Klein, ohne Zeichnung, Rand leicht gebuchtet. Wuchsform: Aufrecht, kompakt. Hinweis: Frühblühende Balkon-, Kübel- und Beetpelargonie, braucht viel Dünger.

6 Kardinal

Blütenform: Sehr große, einfache Einzelblüten. Blütenfarbe: Dunkles Lila, Blütenmitte violett, orange oder scharlachrot. Blütenstand: Sehr große Dolden mit 15 bis 20 Einzelblüten. Blatt: Groß, dunkelgrün, Blattring schwach erkennbar, Rand gebuchtet. Wuchsform: Aufrecht, sehr stark wachsend. Hinweis: Für Zimmer, Balkon, Terrasse und Garten (in Schalen oder Beeten) geeignet, verträgt auch leichten Schatten.

7 Bolero

Blütenform: Große, gefüllte Einzelblüten. Blütenfarbe: Leuchtendes Rot. Blütenstand: Dolden mit 15 bis 25 Einzelblüten. Blatt: Dunkelgrün, leicht gewellter Rand. Wuchsform: Aufrecht, verzweigt sich schnell. Hinweis: Wetterfest, frühblühend, für Zimmer, Balkon, Terrasse und Garten geeignet.

8 Cabaret

Blütenform: Große, halbgefüllte Einzelblüten. Blütenfarbe: Leuchtendes Lachs- bis Orangerot, Rückseite der Blütenblätter silbrig. Blütenstand: Große Dolden mit 15 bis 20 Einzelblüten. Wuchsform: Aufrecht, verzweigt sich sehr schnell. Blatt: Dunkelgrün, Rand gebuchtet. Hinweis: Die verblühten Blütenblätter fallen nicht ab; für Zimmer, Balkon, Terrasse und Garten geeignet.

9 Stadt Bern

Blütenform: Kleine, einfache Einzelblüten. Blütenfarbe: Leuchtendes Rot. Blütenstand: Dolden mit 10 bis 15 Einzelblüten. Blatt: Klein, dunkelgrün mit schwarzem Blattring. Wuchsform: Aufrecht. Hinweis: Verträgt auch leichten Schatten, geeignet für Zimmer, Balkon, Terrasse und Garten.

Stehende Pelargonien

1 *Rio*

2 *Casino*

3 *Champagner*

4 *Fidelio*

5 *Flirtpel*

6 *Kardinal*

7 *Bolero*

8 *Cabaret*

9 *Stadt Bern*

Pelargonien auf Balkon und Terrasse

1 Amethyst

Blütenform: Große, halbgefüllte Einzelblüten. Blütenfarbe: Dunkellila mit schwarzer Zeichnung in der Mitte, die Rückseite der Blütenblätter glänzt silbrig. Blütenstand: Dolden mit 4 bis 10 Einzelblüten. Blatt: Dunkelgrün, fleischig, glatte Oberfläche, Rand gebuchtet. Wuchsform: Kompakt, kurze hängende Ranken. Hinweis: Sehr beliebte Sorte für Balkon-, Kübel und Mischbepflanzung, bleibt auch in Blumenkästen kompakt.

2 Solidor

Blütenform: Sehr große, halbgefüllte Einzelblüten. Blütenfarbe: Helles Lachsrosa mit dunkelrotem Auge. Blütenstand: Dolden mit 5 bis 10 Einzelblüten, sehr reichblühend. Blatt: Helles Grün, fleischig, glatte Oberfläche, Rand stark gezackt. Wuchsform: Hängend, buschig. Hinweis: Sehr wetterfeste neue Sorte, geeignet für viele Verwendungszwecke (zum Beispiel Schalen, Balkonkästen).

3 Feuercascade

Blütenform: Einfach. Blütenfarbe: Feuerrot, mit feiner, dunkelroter Zeichnung. Blütenstand: Dolden mit 3 bis 12 Einzelblüten. Blatt: Klein, dunkelgrün, Rand gezackt. Wuchsform: Hängend, sehr stark wachsend (bis 1,50 m pro Jahr). Hinweis: Wetterfest, selbstreinigend, universell verwendbar für Balkon, Mauern, Ampeln, Schalen, benötigen viel Dünger. Achtung: Wird häufig unter dem Namen »Balkon Imperial« angeboten.

4 Ville de Paris

Blütenform: Einfach. Blütenfarbe: Dunkelrote Zeichnung auf hellem Rot, das an stark besonnten Stellen etwas ausbleichen kann. Blütenstand: Dolden mit 2 bis 8 Einzelblüten. Blatt: Mittelgroß, mit glatter Oberfläche, Rand stark gebuchtet. Wuchsform: Hängend, sehr stark wachsend (bis 1,50 m pro Jahr). Hinweis: Sie ist die Urmutter aller Cascade-Sorten und für alle Außenstandorte geeignet; Achtung: Braucht sehr viel Dünger.

5 Schöne von Grenchen

Blütenform: Große, halbgefüllte Einzelblüten. Blütenfarbe: Warmer, leuchtend roter Farbton. Blütenstand: Dolden mit 3 bis 10 Einzelblüten. Blatt: Mittelgroß bis groß, hellgrün, Rand gebuchtet. Wuchsform: Halbhängend (Kreuzung aus stehenden und hängenden Pelargonien), üppiger Wuchs. Hinweis: Altbekannte Sorte, wetterfest, relativ widerstandsfähig gegenüber Krankheiten, leicht zu vermehren, läßt sich gut überwintern.

6 Sugar Baby

Blütenform: Winzige bis kleine Einzelblüten, gefüllt blühend. Blütenfarbe: Hellrosa. Blütenstand: Dolden mit 4 bis 10 Einzelblüten. Blatt: Mittelgroß, hellgrün, fleischig, glatt mit 5 Segmenten. Wuchsform: Hängend, mittelstark wachsend. Hinweis: Aparte Topfsorte, auch für Ampeln, Schalen und Einzelpflanzung geeignet, reicher Knospenbesatz, etwas wetterempfindlich.

7 Mexikanerin

Blütenform: Sehr große, gefüllte Einzelblüten. Blütenfarbe: Weiß mit rotem Rand und rötlicher Zeichnung in der Blütenmitte. Blütenstand: Dolden mit 3 bis 6 Einzelblüten. Blatt: Mittelgroß, Rand gebuchtet, schwach sichtbarer Blattring. Wuchsform: Hängend. Hinweis: Frühblühend, gedeiht auch im Halbschatten, besonders für Ampeln und Balkonkästen geeignet.

8 Tavira

Blütenform: Große, gefüllte Einzelblüten mit leicht gewellten Blütenblättern. Blütenfarbe: Leuchtend rot. Blütenstand: Dolden mit 3 bis 6 Einzelblüten. Blatt: Mittelgroß, Rand gebuchtet. Wuchsform: Hängend, stark wachsend. Hinweis: Sehr wetterfeste Sorte, geeignet für Balkonkästen, Kübel- und Mischpflanzung.

9 Galilee

Blütenform: Mittelgroße, halbgefüllte Einzelblüten. Blütenfarbe: Hellrosa, zur Mitte hin dunkler, mit silbriger Rückseite. Blütenstand: Dolden mit 2 bis 6 Einzelblüten, reich blühend. Blatt: Klein, dunkelgrün, fleischig, glatte Oberfläche, Rand stark gebuchtet. Wuchsform: Hängend, lange Triebe. Hinweis: Geeignet für Balkonkästen und Kübel, paßt gut zu roten stehenden Pelargonien, ist leicht zu überwintern.

Hängende und halbhängende Pelargonien

1 Amethyst

2 Solidor

3 Feuercascade

4 Ville de Paris

5 Schöne von Grenchen

6 Sugar Baby

7 Mexikanerin

8 Tavira

9 Galilee

Pelargonien im Zimmer

In diesem Abschnitt stellen wir Ihnen Pelargoniensorten vor, die besonders gut im Zimmer gepflegt werden können.

- Die Duft- und Wildpelargonien (→ Seite 24, 52, 53), deren aparte Schönheit zur Zeit von immer mehr Pflanzenfreunden entdeckt wird.
- Die schon zu Großmutters Zeiten beliebten Edelpelargonien (→ Seite 54, 55).
- Die reizvollen Blattpelargonien (→ Seite 56, 57), die fast alle nicht nur Blätter sondern auch Blüten besitzen und die sich im Freien ebenfalls wohlfühlen.

Duft- und Wildpelargonien

Viele Duftpelargonien sind Wildpelargonien, die in dieser Form so noch heute in Afrika vorkommen. Einige von Ihnen dienen sogar der Parfümherstellung. Manche Duftpelargonien (→ Seite 52, 53, Nummer 5, 8, 9), sind jedoch gezüchtete Hybriden, also Kreuzungen aus verschiedenen Wildpelargonien.

Aussehen
Einen Eindruck, wie unterschiedlich das Aussehen der bezaubernden Duft- und Wildpelargonien sein kann, vermitteln die Fotos ihrer Blätter (→ Seite 24) und Blüten (→ Seite 53).

Pflegetips
Standort: Hell und luftig; bei starker Sonne im Sommer schattieren.
Gießen: Mäßig (→ Seite 23).
Erde: Gut wasserdurchlässig; zum Beispiel Gemisch aus Einheitserde mit viel Sand (→ Seite 25).
Düngen: Mit flüssigem Volldünger im Gießwasser; im Sommer vierzehntägig die Hälfte der angegebenen Dosis; im Januar ganz einstellen (→ Seite 25).
Überwintern: Im Januar/Februar Kühlperiode (5 °C) von 4 bis 6 Wochen einhalten, in dieser Zeit weder gießen noch düngen, nur besprühen (→ Seite 31).
Schädlinge: Gegen Weiße Fliege (→ Seite 27) Pyrethrum-Extrakte.

Edelpelargonien

Pelargonium Grandiflorum-Hybriden entstanden aus Kreuzung der Baumpelargonie *(Pelargonium cucullatum)*, die in Kapstadt bis heute als Heckenpflanze verwendet wird, mit anderen Wildpelargonien. Bei uns nennt man sie auch Englische Pelargonie oder Zimmerpelargonie.

Aussehen
Edelpelargonien sind sehr kompakt wachsende Pflanzen, deren Blüten meist wunderschön zentral, in der Mitte zwischen den umgebenden Blättern stehen. Die Einzelblüten sind sehr groß und wachsen in Dolden. Ihre Farben reichen von Schwarzlila über Knallrot und rote Pastelltöne bis Weiß. (→ Seite 55)

Pflegetips
Standort: Heller, luftiger Fensterplatz; bei starker Sonneneinstrahlung im Sommer schattieren.
Gießen: Sehr mäßig (→ Seite 23).
Erde: Gut wasserdurchlässig und nährstoffreich, zum Beispiel Gemisch aus Einheitserde und Sand (→ Seite 25).
Düngen: Im Sommer einmal wöchentlich Blühdünger ins Gießwasser geben, im Januar ganz einstellen (→ Seite 25).
Überwintern: Wie Duft- und Wildpelargonien (→ Seite 31).
Schädlinge: Selten; gegen Weiße Fliege (→ Seite 27) Pyrethrum-Extrakte.

Blattpelargonien

Blattpelargonien sind buntlaubige Züchtungen der stehenden Pelargonien (→ Seite 44). Sie entstanden durch mehrmalige Kreuzung und Mutation.

Aussehen
Auffallend gefärbte, geflammte und geschnittene Blätter (→ Seite 57). Die Blüten sind etwas kleiner als bei anderen zonalen Hybriden und entwickeln sich nur an einem vollsonnigen Standort.

Pflegetips
Standort: Vollsonnig.
Gießen: Mäßig, wie stehende Pelargonien (→ Seite 23).
Erde: Wasserdurchlässig und nährstoffreich, zum Beispiel Gemisch aus Einheitserde und Sand (→ Seite 25).
Düngen: Im Sommer einmal wöchentlich mit flüssigem Volldünger im Gießwasser; im September ganz einstellen (→ Seite 25).
Überwintern: Wie stehende Pelargonien (→ Seite 29).
Schädlinge: Selten (→ Krankheiten, Seite 26).

Duftpelargonie »Scarlet Pet«. Diese Duftpelargonie ist eine gezüchtete Hybride, deren Blätter ein feines Orange-Aroma besitzen.

Pelargonien im Zimmer

1 Scharlach-Pelargonie

Pelargonium inquinans

Blütenform: Einfache Blüten, fast rund. Blütenfarbe: Intensiv scharlachrot (in Ausnahmefällen auch blaßrosa oder weiße Blüten). Blütenstand: Dolden mit 5 bis 30 Einzelblüten. Blatt: Dunkelgrün, Oberfläche behaart, herzförmige Zeichnung am Stengelansatz, Rand gebuchtet. Wuchsform: Aufrecht, 1 bis 2 m hoch. Duft: Intensiv. Hinweis: Wurde bereits 1714 in England kultiviert.

2 Duftende Pelargonie

Pelargonium fragrans

Blütenform: Einfache Blüten mit sehr zierlichen Blütenblättchen. Blütenfarbe: Weiß, mit feinen rötlichen Streifen. Blütenstand: Dolden mit 10 bis 25 Einzelblüten. Blatt: Winzige, herzförmige Blättchen auf langem Stiel, Blätter eingebuchtet, Blattrand wellig. Wuchsform: Zierlich. Duft: Duftet bei Berührung stark nach Kiefern. Hinweis: Aparte Zimmerpflanze, die leicht zu pflegen ist.

3 Myrrheblättrige Pelargonie

Pelargonium myrrhifolium

Blütenform: Sehr zierlich. Blütenfarbe: Zartrosa, obere Blütenblätter mit purpur geflammten Streifen. Blütenstand: Dolden mit 2 bis 6 Einzelblüten. Blatt: Fein gefiedert, behaart, namensgebendes Merkmal. Wuchsform: Strauchartig, bis 40 cm hoch. Hinweis: Blüht fast ganzjährig, liebt sandigen Boden.

4 Mandelduft-Pelargonie

Pelargonium blandfordianum

Blütenform: Einfache, zierliche Blüten, 1 bis 2 cm groß. Blütenfarbe: Weiß, roter Stempel, obere Blütenblätter mit dunkelrosa Zeichnung. Blütenstand: Dolden mit 2 bis 4 Einzelblüten. Blatt: Zart gefiedert, grau-grünschimmernd. Wuchsform: Zierlich. Duft: Duftet angenehm nach Mandeln, Aroma variiert manchmal zu Salbei- oder Wermutgeruch. Hinweis: Eignet sich gut fürs Zimmer.

5 Els

(Pelargonium-Stellar-Hybride)

Blütenform: Sternförmig, bis zu 10 feine, spitz zulaufende, rund angeordnete Blütenblättchen. Blütenfarbe: Dunkle Lachsfarbe. Blütenstand: Dolden mit 3 bis 10 Einzelblüten. Blatt: Sternförmig, weich behaart. Wuchsform: Kleinbleibend. Duft: Intensiv. Hinweis: Diese Duftpelargonie zählt zu den Stellarhybriden, sie besitzen sternförmige Blätter und Blüten und eignen sich gut fürs Zimmer.

6 Sauerampferblättrige Pelargonie

Pelargonium acetosum

Blütenform: Fein, zierlich, Blütenblätter schmal. Blütenfarbe: Lachsrosa bis weiß. Blütenstand: Dolden mit 2 bis 7 Einzelblüten. Blatt: Verkehrt eiförmig, bläulichgrün, fleischig, Rand stark gekerbt und leicht rot getönt. Wuchsform: Buschig, verzweigter Kleinstrauch, wird bis zu 60 cm hoch, wenig belaubt. Duft: Schwach ausgeprägt. Hinweis: Gut fürs Zimmer geeignet.

7 Pelargonium Prince of Orange

(Hybride)

Blütenform: Einfache Blüte, bis zu 3 cm groß. Blütenfarbe: Hellrosa mit feiner dunkelroter Zeichnung. Blütenstand: Dolden mit 1 bis 2 Blüten. Blatt: Klein, Rand leicht gekräuselt und geschlitzt. Wuchsform: Aufrecht, wird bis zu 30 cm hoch. Duft: Duftet nach Orange. Hinweis: Eine wohlduftende Hybride, die leicht zu vermehren ist.

8 Gichtpelargonie

Pelargonium gibbosum

Blütenform: Feine, leicht zurückgebogene Blütenblättchen auf langen Stielen. Blütenfarbe: Ockergelb bis grüngelb. Blütenstand: Dolden mit 6 bis 14 Blüten. Blatt: Blaugrün, geteilt, sehr fleischig. Wuchsform: Kletternd, Stengelknoten angeschwollen (namengebendes Merkmal!), wird bis zu 2 m hoch. Duft: Blüten duften nachts süßlich nach Moschus. Hinweis: Duftet nach Sonnenuntergang, um Nachtfalter zur Bestäubung anzulocken.

9 Pelargonium Scarlet Pet

(Hybride)

Blütenform: Zierlich. Blütenfarbe: Leuchtend rot. Blütenstand: Dolden mit 3 bis 8 Blüten. Blatt: Mittelgroß, dunkelgrün, Rand geschlitzt. Wuchsform: Stark wachsend, Stengel behaart. Duft: Duftet nach Balsam und Orange. Hinweis: Eine wüchsige und blühfreudige Pelargonien-Hybride, die leicht zu vermehren ist.

Duft- und Wildpelargonien

1 *Scharlach-Pelargonie*

2 *Duftende Pelargonie*

3 *Myrrheblättrige Pelargonie*

4 *Mandelduft-Pelargonie*

5 *Els*

6 *Sauerampferblättrige Pelargonie*

7 *Pelargonium Prince of Orange*

8 *Gichtpelargonie*

9 *Pelargonium Scarlet Pet*

Pelargonien im Zimmer

1 Jupiter

Blütenform: Große, einfache Einzelblüten. Blütenfarbe: Fliederfarben, intensive dunkellila Zeichnung, deutlich sichtbarer Fleck in der gleichen Farbe auf den beiden oberen Blütenblättern. Blütenstand: Dolden mit 4 bis 10 Einzelblüten. Blatt: Mittelgroß, fast kreisrund, Rand gezackt. Wuchsform: Mittelstark, aufrecht. Hinweis: Ideale Zimmerpelargonie.

2 Micky

Blütenform: Mittelgroß, einfach. Blütenfarbe: Grundton violett, die beiden oberen Blütenblätter besitzen eine weitläufige schwarz-purpurrote Zeichnung, die 3 unteren je einen schwarz-purpurroten Punkt. Blütenstand: Dolden mit 4 bis 8 Einzelblüten. Blatt: 5 Segmente, Rand fein gezahnt. Wuchsform: Mittelstark wachsend. Hinweis: Extravagante Sorte, gute Verzweigung.

3 Mikado

Blütenform: Große, gewellte Blütenblätter, nach außen gerichteter Blütenrand. Blütenfarbe: Dunkles Lachsrosa mit dunkelrotem Fleck auf jedem Blütenblatt. Blütenstand: Dichte Dolden mit 6 bis 8 Einzelblüten. Blatt: Herzförmig mit 3 bis 5 Segmenten und ausgeprägter Zahnung am Rand. Wuchsform: Mittelstark wachsend, die Blüten sitzen knapp über den Blättern. Hinweis: Sehr blühfreudig.

4 Muttertag

Blütenform: Große, fast runde Blütenblätter, die kreisrund angeordnet sind. Blütenfarbe: Orangerot mit dunkelroter Zeichnung auf beiden oberen und weißer auf den 3 unteren Blütenblättern, alle mit feinem weißen Rand. Blütenstand: Dolden mit 2 bis 6 Einzelblüten. Blatt: Klein, gelappt mit gezahntem Rand. Wuchsform: Mittelstark wachsend. Hinweis: Auffallende Blütenzeichnung.

5 Jasmin

Blütenform: Große Einzelblüten, zum Rand hin leicht gewellte Blütenblätter. Blütenfarbe: Reinweiß mit feiner purpur-violetter Zeichnung auf den beiden oberen Blütenblättern. Blütenstand: Lockere Dolden mit 2 bis 6 Einzelblüten. Blatt: Herzförmig-rund mit gezahntem Rand. Wuchsform: Stark wachsend. Hinweis: Sehr blühfreudig.

6 Frühlingsgruß

Blütenform: Große Einzelblüten mit leicht gewelltem Rand. Blütenfarbe: Zartrosa, die beiden oberen Blütenblätter besitzen eine großflächige purpurrote Zeichnung, die 3 unteren Blütenblätter nur feine purpurne Farbstrahlen. Blütenstand: Dolden mit 4 bis 8 Einzelblüten. Blatt: 5 Segmente mit stark gezahntem Rand. Wuchsform: Mittelstark wachsend. Hinweis: Sehr blühfreudig.

7 Silvia

Blütenform: Leicht gewellte Blütenblätter. Blütenfarbe: Leuchtendes Rot mit dunkelroter Zeichnung auf den beiden oberen Blütenblättern. Blütenstand: Lockere Dolden mit 4 bis 6 Einzelblüten. Blatt: Herzförmig mit gezahntem Rand. Wuchsform: Mittelstark wachsend. Hinweis: Nicht in die pralle Sonne stellen.

8 Göttweig

Blütenform: Sehr große Einzelblüten, Blütenblätter leicht gewellt. Blütenfarbe: Lachsrosa, obere Blütenblätter dunkelrot gefärbt mit dunklen Adern, heller Schlund. Blütenstand: Lockere Dolden mit 2 bis 6 Einzelblüten. Blatt: Groß, leicht gebuchtet, 3 bis 4 Segmente, gezahnt. Wuchsform: Stark wachsend. Hinweis: Blühfreudig.

9 Valentin

Blütenform: Große Einzelblüten mit fast runden, glatten Blütenblättern, die kreisrund angeordnet sind. Blütenfarbe: Leuchtendes Violett mit dunkelvioletter Zeichnung auf den beiden oberen Blütenblättern, heller Schlund. Blütenstand: Lockere Dolden mit 2 bis 4 Einzelblüten. Blatt: Große, in 3 Segmente unterteilte Blätter, Rand gezahnt. Wuchsform: Stark wachsend. Hinweis: Blühfreudig.

Edelpelargonien

1 *Jupiter*

2 *Micky*

3 *Mikado*

4 *Muttertag*

5 *Jasmin*

6 *Frühlingsgruß*

7 *Silvia*

8 *Göttweig*

9 *Valentin*

Pelargonien im Zimmer

1 Pink Golden Harry Hieouver

Blütenform: Einfach, mittelgroß; Blütenfarbe: Lachsfarben; Blütenstand: Dolden mit 5 bis 15 Einzelblüten; Blattform: Sehr großlaubig, leicht gebuchtet, behaart; Blattfärbung: Hellgrüne Grundfarbe teils goldgelb, breiter Blattring nach außen heller werdend; Wuchsform: Aufrecht, stark wachsend; Hinweis: Für alle Standorte geeignet.

2 The Czar

Blütenform: Einfach blühend; Blütenfarbe: Karminrot; Blütenstand: Dolden mit 7 bis 10 Einzelblüten; Blattform: Mittelgroß, leicht eingebuchtet; Blattfärbung: Hellgrüner Grundton, dunkelbrauner, extrem breiter Blattring; Wuchsform: Aufrecht, mittelstark wachsend; Hinweis: Für alle Standorte geeignet.

3 The Boar

Blütenform: Einfach blühend; Blütenfarbe: Lachsfarben; Blütenstand: 5 bis 10 Einzelblüten; Blattform: Fast kreisrund, leicht gebuchtet; Blattfärbung: Hellgrünes Laub, braunschwarze Mitte, Farbverlauf entlang der Blattadern; Wuchsform: Aufrecht, stark wachsend, aber zierlich; Hinweis: Gut fürs Zimmer geeignet.

4 Masterpiece

Blütenform: Klein, halbgefüllt; Blütenfarbe: Hellorange; Blütenstand: Dolden mit 5 bis 10 Einzelblüten; Blattform: Groß, leicht gebuchtet; Blattfärbung: Dunkelgrüne Mitte, schwärzlicher Blattring stark ausgeprägt, äußerer Rand cremeweiß mit rötlichen Spuren; Wuchsform: Aufrecht, stark wachsend; Hinweis: Für alle Standorte geeignet, leicht zu vermehren.

5 Miss Burdett-Countts

Blütenform: Einfach blühend; Blütenfarbe: Hellrot; Blütenstand: Dolden mit 5 bis 10 Einzelblüten; Blattform: Sehr kleines Laub, gebuchtet; Blattfärbung: Buntlaubig, grüne Mitte, dunkelbrauner Blattring, weinrot überlagert, geflammt, kleiner weißer Rand; Wuchsform: Aufrecht, schwach wachsend; Hinweis: Gut fürs Zimmer geeignet.

6 Dolly Vardon

Blütenform: Einfach blühend; Blütenfarbe: Helles Rot; Blütenstand: Dolden mit 7 bis 15 Einzelblüten; Blattform: Kleineres Blatt, leicht gebuchteter Blattrand; Blattfärbung: »Buntlaubig«, dunkelgrüne Mitte, fast schwarzer Blattring, leuchtend rot überlagert, geflammt, dünner cremeweißer äußerer Rand; Wuchsform: Mittelstark wachsend; Hinweis: Gut fürs Zimmer geeignet.

7 Bird Dancer

Blütenform: Einfach, sternförmig blühend; Blütenfarbe: Lachsfarben mit weißen unregelmäßigen Kreisen; Blütenstand: Dolden mit 5 bis 10 Einzelblüten; Blattform: Kleinlaubig, 5 sternfömig zugespitzte Blattsegmente; Blattfärbung: Dunkelgrün, schwarzbrauner Ring, grüne Spitzen; Wuchsform: Kleinblühend, kompakt wachsend; Hinweis: Gut fürs Zimmer geeignet, Stellarhybride (= sternförmiges Laub oder sternförmige Blüten).

8 Madame Salleron

Ausnahme: Bildet keine Blüten; Blattform: Kleines bis mittelgroßes Laub, fast kreisrund, Blattfläche meist gewölbt, Blattrand leicht gewellt; Blattfärbung: Graugrüne Grundfarbe, weißer Rand in unterschiedlicher Breite, kein Blattring erkennbar; Wuchsform: Aufrecht, mittelstark wachsend; Hinweis: Beliebte Sorte für Grabschmuck, bekannt seit 1877.

9 Freak of Nature

Ausnahme: Bildet keine Blüten; Blattform: Laub mittelgroß, Blattrand wellig gelocht, gebuchtet; Blattfärbung: Helle cremefarbene Blattmitte ist mehr oder weniger stark ausgeprägt; Wuchsform: Aufrecht, stark wachsend. Hinweis: Ist wegen des fehlenden Chlorophyll-Anteils schwer zu vermehren.

1 *Pink Golden Harry Hieouver*

2 *The Czar*

3 *The Boar*

4 *Masterpiece*

5 *Miss Burdett-Countts*

6 *Dolly Vardon*

7 *Bird Dancer*

8 *Madame Salleron*

9 *Freak of Nature*

Geranien im Garten

Geranien sind winterharte Stauden, die man im Volksmund auch Storchschnabel nennt, obwohl *Geranium* eigentlich Kranichschnabel heißt (→ Seite 8).

Sie finden Verwendung in Staudenrabatten, in Steingärten, im Naturgarten und auf Wildblumenwiesen. Niedrig wachsende Arten eignen sich als Bodendecker und zur Flächenbepflanzung zwischen höherwachsenden Stauden. Die anspruchslosen Pflanzen blühen von Mai bis Ende August und lieben kalkhaltige, nährstoffreiche Erde, die auch Lehm enthalten darf.

Sie bekommen sie in Staudengärtnereien von März bis Oktober in 9 cm großen Plastikcontainern. Im Frühjahr gekaufte Pflänzchen sollten bereits ausgetrieben haben. Sie blühen schon im ersten Jahr nach dem Einpflanzen.

Im Herbst, wenn die oberirdischen Pflanzenteile braun geworden sind, schneiden Sie die Stengel etwa 20 cm über dem Erdboden ab. Nicht zu früh zurückschneiden, denn viele Geranien haben eine schöne rote Herbstfärbung.

Ein Winterschutz ist nicht nötig.

Die einfachste Vermehrung ist, die Teilung des Wurzelstocks im Frühjahr (→ Vermehrung durch Teilung, Seite 38). Möglich, aber aufwendiger ist die Aufzucht aus Samen.

Naturgarten mit harmonischer Pflanzgemeinschaft aus Geranien, Gräsern, Aruncus und Steinbrechgewächsen.

Im Fachhandel erhältliche Arten

Hoher Storchschnabel
Geranium macrorrhizum
Blüte: Zartrosa, Sorte Spessart blauviolett, Sorte Ingversson intensiv rosa. Blütezeit: Mai bis August, Wuchs: Bis 1 m hoch, bildet große Büsche.

Kaukasus-Storchschnabel
Geranium platypetalum
Blüte: Große Blüten, hellviolett mit schöner Zeichnung. Blütezeit: Juni bis August. Wuchs: Bis 80 cm hoch, stark wachsend.

Dalmatinischer Storchschnabel
Geranium dalmaticum
Blüte: Rosa, kleinere Blüten, Sorte Album reinweiß. Blütezeit: Juni bis August. Wuchs: Bis 10 cm Höhe, Polstergewächs.

Pyrenäen-Storchschnabel
Geranium endressi
Blüte: Reinrosa leuchtend. Blütezeit: Mai bis September. Wuchs: Bis 30 cm hoch, größere Büsche.

Zwergstorchschnabel
Geranium subcaulescens
Blüte: Karminrot mit dunkler Mitte. Blütezeit: Juni bis Juli. Wuchs: Am Boden kriechend.

Blutstorchschnabel
Geranium sanguineum
Blüte: Rotviolett. Blütezeit: Juni bis September. Wuchs: Bis 30 cm hoch, flächendeckend.

Meebolds-Geranie
Geranium meeboldii
Blüte: Blauviolett mit weinroter Zeichnung. Blütezeit: Juni bis September. Wuchs: Bis 30 cm hoch, größere Büsche.

△ *Der Armenische Storchschnabel (Geranium psylosteum) blüht im Juli.*
▽ *Die Blüten von Geranium grandiflorum werden bis zu 4 cm groß.*

Arten- und Sachregister

Die **halbfett** gesetzten Seitenzahlen verweisen auf Farbfotos und Farbzeichnungen. U = Umschlagseite.

Gestaltungsbeispiel.
Auch ein kleiner Wagen läßt sich Pflanzgefäß verwandeln.

Arten- und Sachregister

Adressen: die weiterhelfen

Bezugsadressen:

Firma Pelargonien Fischer, 5411 Hillscheid (führender Pelargonienzüchter für stehende, hängende und halbhängende Sorten sowie für Edelpelargonien. Alle Sorten sind über den Fachhandel zu beziehen.)

Gärtnerei R. Wiedemann, 7340 Geislingen-Aufhausen (Wild- und Duftpelargonien)

Rose Willner, Blumenstraße 22, 6834 Ketsch (Duftpelargonien)

Pelargoniensamen (für stehende und neuerdings auch hängende F_1-Hybriden) erhalten Sie in Gartencentern, Samenfachhandlungen und über den Pflanzenversandhandel. Adressen hierfür finden Sie in den folgenden Gartenzeitschriften:

FLORA. Gruner + Jahr AG & Co., Postfach 11 16 29, 2000 Hamburg 11

Kraut & Rüben (zusammen mit *BioGarten*). BLV Verlagsgesellschaft mbH, Lothstraße 29, 8000 München 40

mein schöner Garten. Verlag Burda GmbH, Hauptstr. 130, 7600 Offenburg

Ausstellungen/Seminare:

Pelargonienmuseum: Pelargonien Fischer, 5411 Hillscheid (dort auch Wild-, Duft- und Blattpelargonien; Besuch nur nach vorheriger Anmeldung möglich)

Pelargoniensortenvergleich und Balkonkasten-Musterbepflanzungen: Versuchsgärtnerei Weihenstephan/Freising (auch sonntags geöffnet)

Schaupflanzungen: Insel Mainau am Bodensee

Seminare: Pelargonien Fischer, 5411 Hillscheid

Buchtip:

J. J. A. van der Walt: *Pelargonien des südlichen Afrika.* Fischer Pelargonien, Hillscheid [2]1979

So grünen und blühen sie am schönsten . . .

GU Pflanzen-Ratgeber – fachlich kompetent und bildschön zugleich. Experten-Rat für alle, die Pflanzen im Haus, auf dem Balkon und im Garten richtig pflegen wollen.

Das GU Pflanzen-Ratgeber-Programm:

- Bambus in Haus und Garten
- Begonien
- Begrünen von Haus und Balkon
- Blumensträuße selber binden
- Fuchsien
- Der Gartenteich
- Geranien/Pelargonien
- Grünpflanzen fürs Zimmer
- Kakteen
- Kübelpflanzen
- Küchenkräuter biologisch ziehen
- Obstbäume biologisch ziehen
- Orangen, Zitronen und andere Citruspflanzen
- Orchideen
- Palmen
- Rhododendren und Azaleen
- Rosen
- Zimmer-Bonsai
- Zimmerpflanzen-Pflege

GU Gräfe und Unzer

Die Farbfotos auf dem Buchumschlag:
Umschlagvorderseite: Halbhängende Pelargonie „Schöne von Grenchen".
Umschlagseite 2: Hängende Cascade-Sorten.
Umschlagseite 3: Cascade-Hybriden.
Umschlagrückseite: Blattpelargonien Chelsea Gem (oben), Edelpelargonien (unten).

Die Fotografen des Buches:
Altmanns: Seite 9, Burda/mein schöner Garten: Seite 41, Schmidt-Thomé: Seite 5, 17, Skogstad: Seite 13, 43, 61, Riedmiller: alle übrigen Bilder.

CIP-Titelaufnahme der Deutschen Bibliothek

Riedmiller, Andreas:
Geranien, Pelargonien: so blühen sie am schönsten;
Experten-Rat für Kauf, Pflege und Vermehrung/Andreas Riedmiller. – 2. Aufl.
– München: Gräfe u. Unzer, 1990
(GU-Pflanzen-Ratgeber)
ISBN 3-7742-4654-8

2. Auflage 1990

Redaktionsleitung: Hans Scherz
Redaktion: Renate Weinberger
Lektorat: Gisela Keil
Herstellung: Johannes Schmidt-Thomé
Umschlaggestaltung:
Heinz Kraxenberger
Druck: Pera
Bindung: R. Oldenbourg

ISBN: 3-7742-4654-8